槭树汁熬糖

摩西奶奶一生的故事

徐丹 / 著

台海出版社

槭树汁熬糖

摩西奶奶一生的故事

徐丹/著

THE STORY OF ANNA MARY
ROBERTSON MOSES

台海出版社

十字路口 / 1952 年

忙碌的人们 / 1958 年

我会抓住的 / 1955—1956 年

奔跑的自由 / 1946 年

剑桥山谷的老格子屋 / 1943 年

饮马 / 1949 年

伍德巷 / 1942 年

1860 年，1940 年 / 1949 年

序言

林边小溪花间梦，和暖如冬阳的你

当冬日的第一缕晨光洒落在美国纽约州的那片农场时，所有的一切都有了生机与活力。树在摇，风在笑，阳光在田间舞蹈；小溪蜿蜒流淌，沿着成片的无花果树林绵延的方向，消失在田野的尽头；农户的房舍错落地排列在坡度缓和的小山上，篱笆树桩在草地与草地之间圈成散漫优雅的弧线；阡陌纵横，牛在叫，羊在跑；桦树似火，枫叶如花，烟囱里的袅袅轻烟像薄雾一样地升腾、旋转、四散开来……

在摩西奶奶的画作中，常见这样质朴、生动、唯美的场景。如果有人好奇童话世界的模样，我想，他们真应该去看看摩西奶奶的那些画。不是每一支画笔都能精准地捕捉到自然的光影、色彩和风景，也不是每一个灵魂都能读懂天空与大地之间的种种心事，除非，摩西奶奶又拿着画板坐在她小屋的窗前开始端详这个明亮、温暖而美好的世界！

这个活到 101 岁高龄的老奶奶，58 岁才开始尝试作画，76 岁才正式决定认真画画，78 岁以后才逐渐被世人熟知，并在绘画上展现出了惊人的天赋和才华。一切的开始是如此的意外、突然而又迟缓，然而，对于摩西奶奶来说，这只不过是她表达对生活的热爱的另一种方式。即使面对再艰难的人生，温暖如她，乐观如她，也会微笑着好好走下去，毕竟，她是摩西奶奶！

摩西奶奶的本名为安娜·玛丽·罗伯逊，摩西是她丈夫托马斯·萨蒙·摩西的家姓。自她嫁给托马斯并生育了几个孩子后，人们开始称她为"摩西妈妈"；当她在绘画事业上崭露头角后，她才以"摩西奶奶"的称谓而广为人知。

梦想是属于所有人的，但不是所有人都会执着于它，也不是所有人都能像摩西奶奶那样热烈而专注地去实现它。现实艰难，勇敢一点，做自己喜欢的事就好。梦想再小，那也是属于自己的期冀；梦想再大，即使只有 1% 的概率，那也依然有实现的可能。

摩西奶奶用她的一生告诉我们，有梦想就去追吧，即使你已经 80 岁了！

这个温暖、乐观的老奶奶在 1961 年的冬天离开了我们，但是很多人都记得她和她的故事。摩西奶奶走远了，但她的梦想仍在，她的温暖仍在，愿她在天堂安息、快乐！

致永远可爱的摩西奶奶！

目录

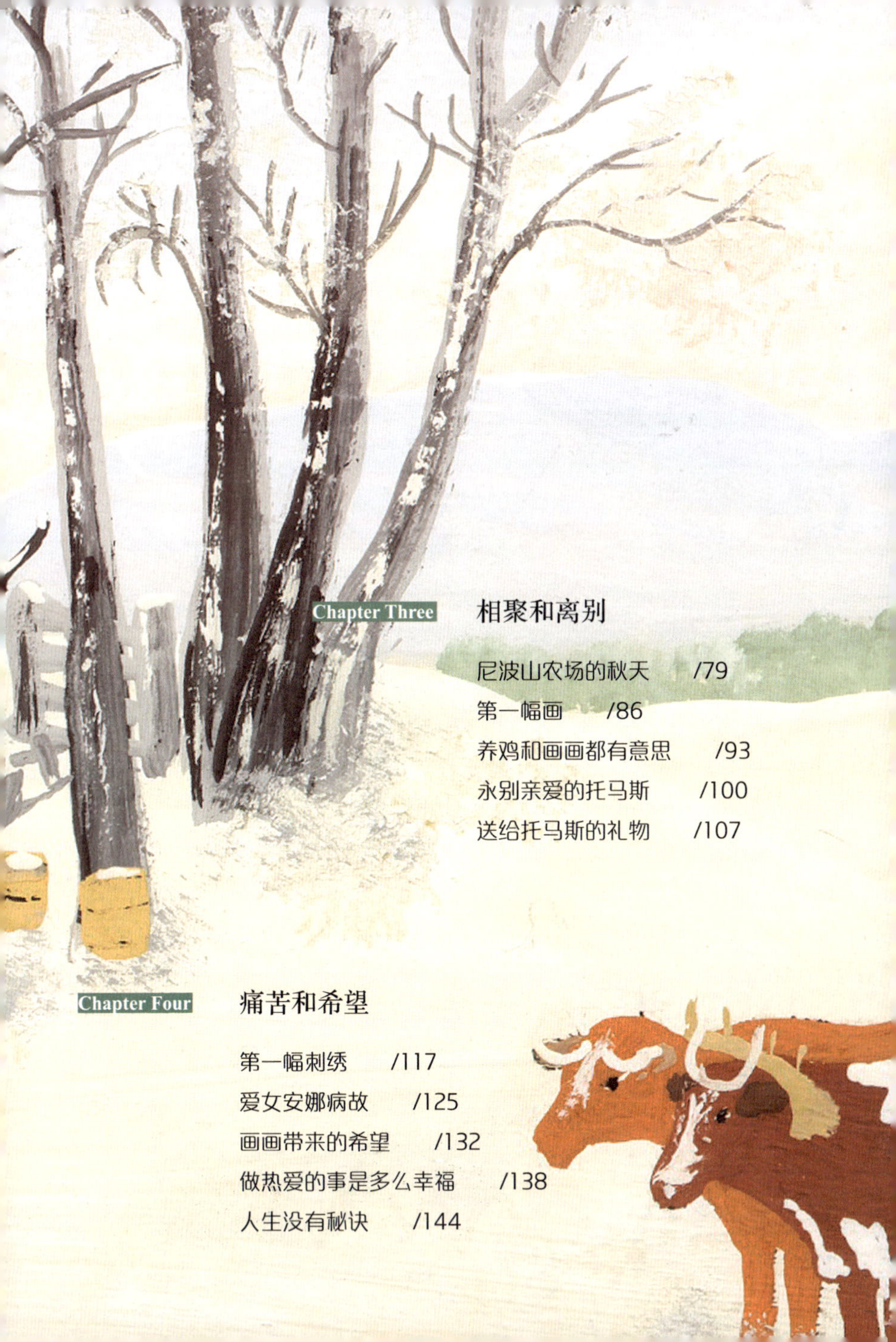

Chapter Three

相聚和离别

Chapter Four

痛苦和希望

Chapter One

在故乡的日子

最后一个得到奶茶

1860年的格林尼治，还只是美国纽约州北部的一个不起眼的小村庄。这里有海拔适度的小山坡，有茂密的白桦林和枫树林，有成片绵延的青草地，还有在田野里奔跑着的牛群和羊群。农夫们的房屋零星地点缀在河谷旁山野间，白色的篱笆隐约可见。

春天的格林尼治是绿色的世界、百花的海洋，蜂蝶在花间穿梭、流连，农人们在田野里忙碌劳作，一派欣欣向荣的景象。夏天的格林尼治是清新、凉爽的所在，来自河谷的潮湿的风会在每一个不经意的时刻轻拂而来，树叶摇晃，瓜果飘香。秋天的格林尼治是满世界的金黄，庄稼熟了，牛羊也在欢叫，农人们坐在屋前树下静静地看着夕阳。冬天的格林尼治是个沉入梦乡的小孩，在均匀的呼吸里梦见一个迷幻的世界，然后便偷偷地展开了笑颜。

彼时，在美国北部和南部因为奴隶问题而逐渐加深矛盾、时有冲突的局面下，格林尼治仍然保持着难得的宁静，这里的人们照旧过着日出而作、日落而息的平常生活。罗伯逊一家是格林尼治众多农户中的一户，他们是幸福的四口之家，即将迎来第五个家庭成员。

1860年9月7日，安娜·玛丽·罗伯逊降生在了格林尼治的一个农场。那是夏末秋初的季节，阳光依旧温暖，树木还未枯黄，天空高远，云朵洁白。小小的安娜·玛丽·罗伯逊在父亲和母亲的微笑中，安然地挥舞着粉嫩的小拳头，她灰色的大眼睛灵动而美丽，充满了对这个新世界的好奇。

安娜·玛丽在家中排行第三，在她之后，她的母亲又陆续生下了好几个兄弟姐妹。虽然安娜·玛丽没有出众的美貌，也没有与生俱来的天赋异禀，但在十个兄弟姐妹中，她是最让父母放心，也最让父母省心的那个孩子。

安娜·玛丽·罗伯逊的父亲罗素·金·罗伯逊是一个农夫，他勤劳、踏实且很能干，拥有自己的农场和亚麻厂。每天清晨，当大多数人们还沉睡在梦乡的时候，安娜·玛丽的父亲已经出了家门向农场走去了。他知道自己身上的担子比任何人都重，也知道刻苦勤劳是他带着一家人生活下去的最起码的保证，所以他总是要比其他人更努力，也更拼命。

安娜·玛丽·罗伯逊的母亲玛丽·莎纳汉·罗伯逊是一个朴实的家庭妇女，她是一个温柔、贤惠的妻子，也是一个慈爱、细心的母亲。除了照看自己的十个孩子，玛丽·莎纳汉每天都有做不完的家务活，也有许多说不尽的心酸。然而，即便生活如此艰难，她还是跟着丈夫安然地过着清贫的生活，不抱怨，也不气馁。当看着自己的十个孩子围坐在桌边，等着她端上可口的饭菜的时候，她觉得自己简直是世界上最幸福的人；来自生活的所有不幸，仿佛都在孩子们天真可爱的眼睛里瞬间消失，那一刻，玛丽·莎纳汉露出了舒心的满足的笑容。

与同龄的孩子相比，安娜·玛丽显得更加早熟，也更加懂事。当哥哥和弟弟们去农场和亚麻厂帮父亲干农活时，她就和四个姐妹在家帮母亲料理家务。那时安娜·玛丽的年纪尚小，但是她的家务活做得一点也不比姐姐们逊色。在母亲的眼中，安娜·玛丽简直就像是一个小大人，她不仅会做很多家务，而且还总是想尽方法逗家人们开心，这让母亲玛丽·莎纳汉很是感动。

安娜·玛丽从来都不羡慕那些家庭富裕的孩子，因为她觉得自己所拥有的就是世界上最好的幸福。每天早晨，当她在母亲烹制的虽然简单但绝对可口的饭菜的香气中醒来的时候，她的心里就会情不自禁地升腾起一种莫名的感动。窗外的阳光就在那个刹那明媚起来，浅浅的光晕旋转着落在她的额头上、睫毛上，安娜·玛丽开心地从被子里钻出来，这时候她该起床了。

在罗伯逊一家的餐桌上，父亲永远是会被孩子们等待的那一个人，因为从农场和亚麻厂归来还需要一些时间。虽然工作繁重又辛苦，但每次归来看见忙碌穿梭于厨房与客厅的妻子，还有坐在饭桌旁等待他的那些可爱的孩子们，安娜·玛丽的父亲便觉得一身轻松。等父亲落座后，其他的孩子们便开始狼吞虎咽起来，只有安娜·玛丽会坚持等母亲上桌后，才会安心地吃自己的那份早餐。

每天晚上，一家人吃完晚餐，安娜·玛丽会主动帮母亲收拾碗盘，如果母亲允许，她也很乐意帮母亲洗那些脏盘子。她爱饭桌上一家人的其乐融融，也爱在厨房里和母亲共享这难得的独处时刻。生活即使再艰辛，但安娜·玛丽觉得只要一家人在一起，日子纵然过得苦一些也是美好的。

格林尼治的田野是美丽的，春天生机勃勃，夏天绿意盎然，秋天金黄一片，冬天银装素裹。安娜·玛丽爱格林尼治的每一个季节，也爱格林尼治的每一种天气。那些季节与季节间的色彩，那些景色与景色间的变幻，都让她不由自主地惊奇、雀跃、欢喜。

闲来无事时，安娜·玛丽喜欢一个人静静地站在院子里，眺望远处的山和树木，还有那近在眼前的广袤的田野。那时那刻，远处的狗吠声，牧场里牛羊的低吼，院子里来回奔跑着的鸡鸭的鸣叫，就像是一首欢快的交响乐，伴着清风的旋律，让安娜·玛丽静静地、痴痴地站在那里，忘记了时间的流逝，也忘记了自己。

安娜·玛丽喜欢格林尼治的四季，格林尼治的冬天尤其让她着迷。呼啸的北风总是趁人们不注意的时候悄悄来临，当树林开始颤抖，枯黄的叶子纷纷飘落殆尽时，初雪便会如期而至。

格林尼治的农人在北风的预警里做好了过冬的所有准备，柴房里堆满了供取暖和做饭用的柴火，牛羊们的草料已经预备充足，秋收之后的田地早已休耕。初雪飘落的时候，格林尼治的田野是空旷的、寂静的，它们在等待纯白的雪花给大地带来一场最圣洁的洗礼。

在这万籁俱寂的格林尼治的冬天，家家户户都燃起了壁炉，罗伯逊一家也不例外。安娜·玛丽和九个兄弟姐妹围坐在壁炉周围，因为客厅窄小，他们不得不紧紧地拥挤在一起，然而这并不会影响到他们愉悦的心情。父亲罗素·金·罗伯逊会倒一杯自家酿制的果子酒慢慢品尝，在壁炉火光的映照下，他健康的小麦色的肌肤上微微地泛着红光。他呷一口酒便会不由自主地轻轻赞叹一声，仿佛在他杯中荡漾的不是廉价的果子酒，而是琼浆玉液。果子酒真香啊，安娜·玛丽闻着果子酒好闻的香气，有一点微微的沉醉。

其他的兄弟姐妹们在玩闹在欢笑，而安娜·玛丽却只想尝一尝父亲杯中果子酒的味道。她看着父亲杯中越来越少的酒，心中不免着急起来，于是她离开自己的座位走向了父亲。父亲看着安娜·玛丽迟疑地向他走过来，她的眼睛始终盯着他手里的酒杯，于是他明白自己的女儿也嘴馋了。当安娜·玛丽走近以后，她的父亲把酒杯里的酒一口气喝干，然后把杯子留给她。她用鼻子使劲地嗅着杯子里残留的香味，整个心神都荡漾起来。她并不因为没有尝到果子酒真正的味道而觉得懊丧，味觉上的遗憾已经在嗅觉上得到了完美的弥补，她感到十分满足。

坐在壁炉另一边安静地做着针线活的母亲，看着女儿安娜·玛丽可爱又有趣的举动，不禁微笑地眯起了眼睛。厨房的火炉上正煨着滚烫的奶茶，她知道孩子们一定会喜欢，所以便早早地给他们准备好了午后的惊喜。母亲起身端来了喷香的奶茶，孩子们立即欢呼着围在了母亲的身边。安娜·玛丽是最后一个得到奶茶的孩子，她把优先权让给了其他的兄弟姐妹，自己则安静地排在队伍的末端。安娜·玛丽的父亲和母亲把这一切都看在眼里，对于自己能有一个这样懂事又乖巧的女儿，他们是满足而欣慰的。

安娜·玛丽从很小的年纪就开始懂得了父母的艰辛，她曾经看见过父亲因为担心家庭的开支而独自烦恼，也看见过母亲为了永远也做不完的家事而默默叹息。小小的她，把一切都看在眼里，记在心上。当别人家的孩子还在为得不到一件心爱的玩具而对着父母哭闹不止，或者为了少做一些家务而喋喋不休地与父母讨价还价时，安娜·玛丽却只想尽量为辛劳的父母分担忧虑、减轻烦恼。

生在这样一个庞大而贫穷的家庭里，安娜·玛丽并没有丝毫的抱怨和沮丧。她无法像其他的孩子那样得到父母独宠的溺爱，也无法像那些富裕家庭的孩子一样从小就过着优越的生活，但是，她并不觉得自己的人生有多糟糕。大家庭的温暖让安娜·玛丽由衷地感到幸福，父母亲毫无保留的疼爱让她真正地感到满足。

安娜·玛丽从来都不是一个贪心的孩子，或许正是因为这样，命运才会将更多的偏爱加于她。当然，这是后来的故事，如果你愿意，也可以说，这就是现在的故事。

看天空的女孩

草木枯荣，四季变换，人们熟悉自己的作息规律，然而，却永远跟不上时间的脚步。每次抬头看天空的时候，安娜·玛丽都会有一种莫名的失落。在苍穹之下，她觉得自己竟然是如此的渺小，那是一种类似个体面对整个宇宙时才有的卑微感。彼时的安娜·玛丽还小，然而不甘平庸的她，在那时已经对未来有了许许多多的幻想。

一天一天，一年一年，安娜·玛丽逐渐长大，许多与她同龄的孩子都相继去上学了，只有她被剩下。对于父亲罗素·金·罗伯逊来说，养活一个有十个孩子的大家庭已经十分艰难，学校大门是可望而不可即的。对此，安娜·玛丽没有任何委屈和怨言，她知道父亲已经竭尽全力给了她最好的生活，她没有理由再去奢求更多。

父亲和哥哥们每天辛苦地在农场和亚麻厂来回奔走、忙碌，母亲也总是竭尽所能地做好家务，照顾好年幼的孩子，有时还会做一些手工制品来出售，以帮着维持家庭开支。安娜·玛丽从小就跟着母亲和姐姐们学习做家务，现在她已经能娴熟地擦地板、洗衣服甚至是烹制一些简单的食物。别的孩子们在学校里学到了新的知识，而安娜·玛丽是从生活的实践里不断学到新的技能和经验，并在这样的实践里悄悄成长。

在简单又重复的生活里，安娜·玛丽从来不觉得单调、乏味，因为她总是会怀着一颗好奇的心去发现生活里的乐趣和滋味。每天清晨，她需要早起去帮助母亲做家务，但她从未觉得这是一件辛苦的差事，因为她愿意为了新一天的太阳而果断放弃那一点可以贪睡的时光。农忙的时候，父亲也会让安娜·玛丽去农场或亚麻厂帮忙做一些力所能及的农活。那个时刻，她没有丝毫的不情不愿，因为农场的风景是如此美丽，她喜欢接近那些悠然啃着青草的牛羊，也喜欢在柔和的清风中去感受田野独有的香气。

有些夜晚，当家人们都在一天的忙碌后沉沉地坠入了梦乡的时候，安娜·玛丽却久久不能入睡。她起身从卧室悄悄地走了出来，推开屋门，微风扑面而来，而农场的夜晚在此时真是安静极了。安娜·玛丽从屋里搬出来一个小凳子，安静地坐在院子的中央，四周都是黑蒙蒙的一片，然而她却一点儿也不害怕。她爱这样深沉的夜，她爱这样静寂的世界，也爱那些在田野里欢快歌唱的不知名的虫子。

安娜·玛丽在没有星星的夜空下悄悄地闭上了眼睛，她听到夜风轻轻地拂过林间树叶的声音，她听到了花朵在夜色里一点一点绽放的轻响。世界是如此的微妙、美好，安娜·玛丽在那一刻完全放空了自己，她感觉自己的灵魂仿佛和自然紧紧地融为了一体。

在一个人独处的时刻，安娜·玛丽总是会忍不住幻想未来的许多事情，然而现实的艰难却总是一次又一次地将她从美梦中唤醒。那时，她还只是一个年幼的孩子，对于那些未知的不确定难免会感到心急。

这时候，安娜·玛丽的父亲就会细心地安慰她、鼓励她。她永远都记得父亲那时的神情，还有父亲反复告诫她的话：一定要学会看清自己脚下的道路。她问父亲为什么，他告诉她，只有认真看，你才能找到真正属于自己的那条路。

安娜·玛丽坚信父亲的话总有他的道理，但与此同时，她发现自己并不能完全理解那些话语里内在的真谛。这个世界上的道路有千千万万条，她诧异，人为什么只能走属于自己的那一条路呢？

尽管如此，安娜·玛丽还是牢牢地记住了父亲的话，并且在成长的过程中努力地寻找属于她的那条路。从那以后，安娜·玛丽依然继续着自己对未来的无尽幻想，她幻想过自己将来会嫁给一个怎样的人，也幻想过自己以后会拥有怎样的生活，甚至，连自己在以后的每个清晨会以怎样的心情去迎接新一天的太阳，她都曾偷偷地幻想过。

安娜·玛丽的母亲知道女儿是个有梦想的孩子，所以每当女儿失落的时候，她总会耐心地陪伴着她，并且给了她足够多的鼓励。有很多个傍晚，安娜·玛丽靠着母亲的肩膀看着远方的天空，她的心里就会不由自主地升腾起一种莫名的情愫，她爱这种感觉，因为这个时候的时光仿佛在倒流。

当安娜·玛丽还只是一个五六岁的小女孩的时候，在一个阳光灿烂、天空蔚蓝的午后，她躺在农场草地上，静静地望着天空中悠闲飘动的朵朵白云，感受着温柔的轻风从她的脸庞吹过。那个时候，她的心里涌现过似曾相识的感觉。

也许在很多人的生命中，都会有这样的时刻，过去的某种场景，或者曾经无比熟悉的某种感觉，突然在某个瞬间出现。不要感到惊诧，因为那个时候的你，是真的在乎那时候的一切，所以回忆才会在不经意之间侵袭。

或许很多人并不在乎这样微不足道的瞬间，于他们而言，过去的就是过去，新的回忆终将会把它们淹没。但是安娜·玛丽却清晰地记得那个午后的所有细节，那个时候的自己，还有周遭的一切，都让她记忆深刻。在后来的回忆中，她提到，当时四周的环境异常安静，甚至有一些沉闷，以至于她有了些许的睡意；她微微地抬头，看到延展很远的朦胧的视野里，有一些高低起伏的屋顶和看不清样子的飞鸟；天空在她的头顶压得很低，倦怠的气息萦绕在她身体的周围，在那个瞬间，她隐隐约约地闻到了一种奇特的味道。

很多年后，当安娜·玛丽拿起画笔，画出一幅又一幅她心爱的画作的时候，那种深藏在她记忆深处的遥远的味道，又再次出现。她喜欢那种感觉，让她莫名地感到轻松、愉悦。也就是那个瞬间，年老的安娜·玛丽明白了自己年少时之所以会有那样的感受，是因为她沉浸在自己喜欢的事情里，身心和灵魂都是自由舒适的状态。她之所以那么享受自己拿起画笔作画的那些悠闲惬意的时刻，就是因为每一次专注于描绘脑海中已有的旧时景物，都会让她情不自禁地想起小时候那些无忧无虑的时光。

在十个兄弟姐妹中，安娜·玛丽是最懂得体贴父母的那个孩子，也是最有自己主见的那个。农闲的时候，他们的父亲罗素·金·罗伯逊将孩子们召集到他的身边，然后出各种谜语让他们猜。安娜·玛丽和兄弟姐妹们都很喜欢这个游戏，所以每次父亲提议开始的时候，他们都分外地高兴。

有一次，父亲罗素·金·罗伯逊心血来潮，他问围在他身边的孩子们，那些在草地上缓慢移动的牛羊像什么。那是一个夕阳西下、暮色沉沉的傍晚，罗素·金·罗伯逊看着远处的牧场里那些像小白点一样移动着的牛羊，忽然有些触动。十个孩子的回答各不相同，唯独安娜·玛丽的回答最让他吃惊。她说，那些暗色的草地是夜晚的天空，那些白色的牛羊像在夜空中飘动着的白云。如此具有想象力和画面感的比喻，确实让她的父亲小小地惊诧了一番，他虽然知道安娜·玛丽不同于其他的孩子，但是直到这一次，他才真正相信她的与众不同。

安娜·玛丽曾经无数次站在屋前的院子里，看着远处的天空发呆。她爱清晨闪着银色光芒的天空，也爱傍晚夕阳西下时金黄色的天空，那些耀眼的色彩常常令她炫目，也让她小小的心里忽然间涌出一阵阵感动。在无数个静默的时刻，安娜·玛丽都会对着那广漠无垠的天幕痴痴幻想，她幻想着有一天自己能长出天使般的翅膀，可以悠然自在地在天空飞翔。

在澄净明朗的天空下，在日复一日的太阳升起、月亮落下的轮回中，安娜·玛丽一刻也没有停止过对未来的天马行空的想象。因为对生活的一切都满怀憧憬，因为对人生的以后有着无数的假设与幻想，安娜·玛丽总是能很快从沮丧中走出来，并且能一如既往地热爱自己的生活，珍视自己的梦想。在与家人相互扶持的日子里，她感觉自己的生命力就像春天努力生长的树木一样，不断抽枝散叶，仿佛有无限蓬勃的生命。

每次眺望天空的时候，安娜·玛丽都会在心里默默地许一个心愿。她相信那些潜藏在她心底的默然无声的语言，终有一天会被听见。那些小小的心愿叠加在一起，就构成了她每一天的梦想，虽然渺小，但是她坚信总会有实现的那一天。

为了家而离家

格林尼治的四季永远是分明的，季节与季节之间的过渡总是会在确定的变化里凸显。一年一年，春夏交替，秋冬轮回，格林尼治的田野也在四季的变幻里演绎着乡村独有的风情，悠远而宁静。

春天到来的时候，格林尼治的田野开始热闹起来，沉寂了一个冬天的牛羊又开始在草场上欢快奔跑，农人们扛着各式各样的农具穿梭在田间小路上。罗伯逊一家也忙碌起来，父亲带着儿子们去农场和亚麻厂干活，母亲则带着女儿们在家做各种家务。

安娜·玛丽喜欢这种有节奏的忙碌，每个人为了自己的家庭倾尽全力，不为别的，只希望在秋天能有所收获，足够全家人的温饱就好。因而，每当母亲吩咐她做一些力所能及的家务时，她都很高兴地应承下来，并且力求将自己的事情做到最好。做完自己的活计后，安娜·玛丽也不会闲着，她会去帮小妹妹们的忙，或者到厨房帮母亲准备午餐。在这种充实的忙碌中，她觉得天更蓝了，阳光也更暖了，那些属于秋天的金黄色的希望仿佛就在眼前展现开来，让她的心悄悄安定下来。

春忙的那些日子，父亲罗素·金·罗伯逊带着儿子们很早就去了农场，晚上总是要等到天黑很久才会回到家中。安娜·玛丽懂得父亲和哥哥弟弟们的辛苦，因而，每当他们农忙无暇回家时，她就会挎着篮子带着母亲烹制的可口食物去农场送午餐。她喜欢迎着正午时分的阳光走在乡间小路上，那份自在自如的惬意和悠然是大自然特有的馈赠，也是她心向往之的独处时刻。

沿着那些白色木桩做成的栅栏，安娜·玛丽踏着细小的步子朝父亲的农场走去，彼时，清风和煦，阳光也正好。沿途的牧场已经露出了一片浓郁的青色，有不知名的野花在还未褪尽枯黄的草地上悄悄地盛开，形成一片绚烂的色彩。天蓝水清，绿叶红花，安娜·玛丽常常在这样醉人的春色里，忘记自己，也忘记了时间的流逝。

为了让自己的十个孩子吃饱穿暖，安娜·玛丽的父亲和母亲费尽了各种心力，也尝遍了生活的种种辛酸。父亲罗素·金·罗伯逊每天在农场和亚麻厂辛勤地干活，母亲玛丽·莎纳汉·罗伯逊做一些手工制品来贴补家用，十二口之家的生活总是要比其他家庭更艰难一些，更辛苦一些。孩子们都还小的时候，他们一家的生活尚可勉强维持。然而，当安娜·玛丽长到 12 岁时，他们的家境就渐渐地颓败下去，生活也越来越窘迫。

餐桌上的饭菜越来越简单，兄弟姐妹们总是抱怨吃不饱，母亲的眼睛一天一天地黯淡下去，父亲的神色也越来越憔悴。这一切，安娜·玛丽都悄悄看在眼里，她很想分担父母的忧虑，又深感自己的无能为力。从那时起，她的心里就多了一份凝重的心事，眺望天空的时候，一种莫名的担心便会紧紧地将她包裹，让她喘不过气。

有一天傍晚，母亲在厨房准备晚餐，安娜·玛丽在院子里安静地剥着豆子。就在这时，附近一个农场的主人来到了罗伯逊家的院子里，在他的身后，跟着一只白色的牧羊犬，很乖巧的模样。安娜·玛丽站起来冲他笑笑，然后便跑进厨房叫自己的母亲。

安娜·玛丽的母亲随她一起走出来，那位农场主走上前很礼貌地问候了一声，然后便直截了当地说明来意。原来他们家需要招一名女佣帮忙料理家务，因为知道罗伯逊家有五个女儿，所以就来问问她们中是否有人愿意去。对此，安娜·玛丽的母亲显得很犹豫，她不愿意自己的任何一个女儿去别人家做女佣，然而现实残酷，她又必须做出选择。

就在母亲犹豫的空当里，安娜·玛丽自己做了一个决定：她愿意去做女佣。当她将自己的想法告诉母亲后，母亲温柔地抚摸了一下她的头发，眼眶便悄悄地湿润了。与母亲的心情不同，安娜·玛丽在这一刻竟感觉到了久违的开心和轻松，因为她终于可以通过自己的努力来为这个家做一些力所能及的事情。对于她来说，生活的艰辛并不可怕，可怕的是，面对困难时却丧失了挑战的勇气。

当安娜·玛丽答应去做女佣的那一刹那，她不仅是在挑战生活，也是在挑战自己。对于未来的一切变数，她都已经做好了迎接的准备，哪怕当时年幼，哪怕她还只是一个未经世事的孩子。

安娜·玛丽简单地收拾了自己的衣物，便在约定的日子去了农场主家里。农场主很富裕，他们家的几个孩子和安娜·玛丽年纪差不多，生活远远比她好。安娜·玛丽没有因为自己贫困的家境而自卑，她只是认真踏实地做着主人吩咐的事情，缝纫、煮饭、料理琐碎的家务，每一样分内的事情，她都力求做到最好。

那些日子，安娜·玛丽每天都十分忙碌、疲累。尽管每天都重复着单调机械的工作，但是她从未感到过乏味，因为她总是能够从那些微不足道的小事中寻找乐趣，也善于从辛勤的劳动中获得一种充实的满足。

在整理房间的时候，安娜·玛丽会用心擦拭每一件家具，那些平时不会被主人注意的角落，她也会不遗余力地打扫干净。尽管每天都做着这些看似简单、粗笨的家务劳动，但安娜·玛丽从来都不会暗自抱怨自己的命运有多么糟糕，也不会羡慕那些在草坪上沐浴着阳光、嬉笑打闹的主人家的小姐们。在她看来，生活对待每个人都是一样的，它会让你流泪，也会让你欢笑，只要你用心地去感受生活，自然就可以发现它的美好，并能够乐在其中。

正是因为始终保持着一颗热爱生活的心，安娜·玛丽才能够在艰难的生活中继续前行，并且始终不会感到沮丧。就像安娜·玛丽后来所说的，这个世界的美妙之处，远远不止是你所能看到的那些旖旎的风景，也不仅仅在于大起大落的人生，而在于，不论世界如何变化，你都能够享受生活带给你的一切，并且能够做真正的自己。

日子一天天地过去，安娜·玛丽逐渐适应了农场女佣的生活，也习惯了每天都做着同样的烦琐工作。她的细心与努力被主人家看在眼里，久而久之，农场里的人都慢慢地喜欢上了这个单纯质朴的姑娘，就连农场主的那些女儿们也愿意主动接近她，很快和她成了好朋友。

后来，农场主的女儿们去学校上学的时候也会带着安娜·玛丽，因而，她也幸运地跟着她们读了几年书。读书的时候，她总是感到分外的愉悦，书中的世界总是让她为之深深地着迷。那个时候，安娜·玛丽曾经有很多次都幻想过，她将来一定要拥有一间属于自己的书房，挨着四周的墙壁，摆放好又高又长的书柜，然后在书柜里放满各种心爱的书籍。

每当这个幻想在脑海里涌现的时候，安娜·玛丽都会禁不住想起那些遥远而美好的画面。在想象中，她为她的书房安置了一把格外舒适的躺椅，还有一排只会出现在梦中的美丽的小灯。她可以从书柜里随意抽一本书，躺在椅子上悠闲地阅读，或者她累了的时候，也可以静静地躺在那儿小憩一刻。

虽然这样的书房后来并未出现在安娜·玛丽的生活中，但是那些与书为伴的日子却始终是美好的、珍贵的。在她做农场女佣的这段时光里，能够有幸接触到书本，并得以看到书中的另一个世界，安娜·玛丽始终是满心感恩的。

安娜·玛丽就是这样一个积极乐观的姑娘，无论怎样的环境，她都能够发现生活中点滴的美好与感动。她并非天生幸运，但始终不曾放弃对未来生活的希望，因而命运也忍不住要把更多的偏爱都赐予给她。

有很多个晚上，安娜·玛丽躺在窄小的单人床上，看着窗外那些星星点点的灯火，不由得想起自己的家。她想念母亲温柔的笑脸，想念父亲慈爱的眼神，也想念兄弟姐妹们追逐嬉笑时的热闹。浓烈的想念总是在这样的深夜来得分外猛烈，每每这时，安娜·玛丽都会忍不住落下眼泪。然而，只要一想到自己一个人的孤独可以换来全家人相守的幸福，她就会感到些许的安慰。

别人难过的时候总是需要他人的抚慰才能释怀，而安娜·玛丽总是可以自己说服自己。因为她一直记得，小时候她不开心偷偷哭泣时，母亲曾告诉她，有些快乐是自己才能给的，你决定悲伤时，其他人的劝慰都是徒劳。

在农场工作的那些日子，安娜·玛丽只是一个不起眼的女佣，然而，她却一直告诉自己，纵使平凡，也不能平庸。一旦决定要做的事情，她就会拼尽全力地去做到最好，因为她相信，只有先做好眼前的小事，她对未来的那些美好憧憬才有实现的可能。

除了要干一些必需的日常活计以外，安娜·玛丽在这座农场的生活并不坏，每天有充足的食物来填饱肚子，也可以省下不少工资来补贴家用，没有什么事情需要她特别担心；农场的主人和其他仆人待她亲切有加，小姐们丝毫没有架子，反而视她为好朋友。这一切，都让安娜·玛丽觉得安心而又满足。偶尔闲下来的时候，她会一个人静静地待着，看着远处绵延的山川、田野和牧场，闻着农场院子里氤氲的花草的香气，想想自己，想想远方的家人，想想未来和那些五彩的梦。

"一剪闲云一溪月，一程山水一年华。"时光流逝，岁月悠长，在格林尼治的同一片天空下，在远离家的另一座农场，安娜·玛丽看着远处的溪流、田野、树木和花草随着四季的更迭不断变化，与此同时，她自己也在这悄无声息的年月里一天天地蜕变、长大。

一个小陶瓷杯

　　白驹过隙，红尘无涯。有时候，时光的流逝，年华的惊变，最是无声无息，也常常叫人后知后觉。初到农场的时候，安娜·玛丽还只是一个幼稚青涩的小姑娘，然而，一转眼，十多年过去，她竟这样静静悄悄地长大了。

　　20多岁，青春岁月里最美好的芳华，一个爱做梦的年纪，一个易感伤的年纪，那些懵懵懂懂的情事也多半由此展开，或许更早。安娜·玛丽就是在这个年纪遇到托马斯·萨蒙·摩西的，那个初遇时并没有让她一见倾心，但日久相处后却让她逐渐生情的男子。

　　她说，这是一件奇妙的事情。

　　是啊，有时候爱情的来临和发生，本身就是一件奇妙的事情。遇见那个人已是万分不容易，何况相爱，更何况相守一生呢？

　　安娜·玛丽从来不后悔遇见托马斯·萨蒙·摩西，不后悔初见时她在浅浅微笑里所给予他的不经意的温柔。即使很久以后，她依然能够记得初次见到他时的情景，他憨厚的温暖的笑容，他因含羞而不敢直视她的蓝色的眼睛，都一一在她的脑海里清晰地浮现、盘旋。

　　托马斯·萨蒙·摩西是后来才受雇来农场工作的，那一年，安娜·玛丽刚好 27 岁。那时候，农场主家里的几位小姐都已经相继恋爱、结婚了，只有她，年复一年，依旧只是自己一个人。曾经有很多次，她也幻想过自己的那个"他"的样子，然而，终究也只是想想而已。王子只是童话里的故事，而她甚至连灰姑娘都不是，所以安娜·玛丽渐渐地也断了心绪，连想都不再想了。

然而，托马斯·萨蒙·摩西还是出现了，在她百无聊赖的时候，在她对爱情失望甚至绝望的时候。

那是一个盛夏的午后，安娜·玛丽按照主人的吩咐，去给正在农场辛苦干活的工人们去送冰镇的咖啡和柠檬水。午后的阳光格外强烈，田野里的热气氤氲着、蒸腾着，像要把人融化一般。安娜·玛丽挎着篮子，疾步在田间小路上，她想让工人们早点喝上凉快的冷饮，所以就尽量加快了自己行走的速度。大约一刻钟的工夫，她到达了农场，那时，工人们都在各自卖力地干着活儿，没有人注意到她的到来。

安娜·玛丽不认识那些工人，因为平时她都在农场主家里干活，很少有机会和他们接触。正在她为不知道怎么招呼那些工人而感到有些为难的时候，托马斯发现了她，并主动走过来向她点头微笑示意。

"有什么需要帮忙的吗？"托马斯看着她，十分友好地问。

安娜·玛丽看着眼前这个满头大汗、肤色健康的年轻人，满怀感激，于是，她说："主人让我送些冷饮给你们，能麻烦你叫其他的工人过来一起喝吗？"

"当然可以！"托马斯说完，就大踏步地走开去叫其他的工人。

没一会儿，所有的工人都走了过来，安娜·玛丽和她的篮子瞬间被他们包围起来。托马斯并没有跟随人群一起过来，他只是站在不远处的栅栏旁边，微笑地看着她将一杯杯的冷饮倒给那些干渴的工人。他专注地看着她亚麻色的卷发随着她弯腰的动作而慵懒地从肩部滑落下来，看着她金色的睫毛在太阳的光影中像蝴蝶的翅膀一样生动地扑闪着，然后，他便着迷了，沉醉了。

"先生，你要咖啡，还是柠檬水呢？"托马斯正看着安娜·玛丽出神的时候，她已经提着篮子走了过来。

"咖啡吧……嗯……咖啡。"托马斯像是一个忽然被人看穿心事的小男孩，顿时羞涩得有些手足无措，以至于言语都是慌乱的。

安娜·玛丽倒了一杯咖啡给托马斯，他有些惶恐地接过来，看到了她灰色的大眼睛里温柔的笑意，便稍稍地定了定神。

等托马斯喝完咖啡，安娜·玛丽便收拾好杯子和茶壶，准备起身离开。就在这时，托马斯走了过来，很礼貌地朝她伸出右手说："你好，我叫托马斯，很高兴认识你。"

在此之前，安娜·玛丽与年轻男子接触的机会并不多，然而托马斯的谦逊热情还是让她放下了对陌生人的警惕。于是，她礼貌地与他握了手，说："很高兴认识你，我是安娜。"

简单地认识之后，安娜·玛丽便与托马斯道别，然后挎着篮子离开了。托马斯就愣愣地站在那里，看着她像一朵白云一样不疾不徐地在田野间飘动，直至消失在小路的尽头。

那一天，托马斯感受到了前所未有的幸福，也感受到了前所未有的忧伤。他遇见了一个令他无比心动的姑娘，然而，除了知道她的名字叫安娜以外，他对她一无所知，甚至不知道他们还有没有重逢的机会。就是这样一种甜蜜的忧伤，让托马斯那晚彻夜失眠了，他在床上辗转反侧，脑海里一直浮现的是安娜那张生动明媚的笑脸。

接下来的几天，托马斯都是在一种怅然若失的思念中度过那没有滋味的日与夜的。他想念安娜那双灰色的充盈着温柔的大眼睛，他想念她不动声色的浅浅的迷人的微笑，也想念他们双手相握时她留给他的那种短暂却又深刻的掌心的温暖。明明从来不曾拥有，然而刻骨的相思却让托马斯日渐乱了心神，让他仿佛觉得自己已经在不知不觉间失去了什么一样。

从此以后，白天在农场干活的日子，于托马斯而言，都是一场又一场漫长的等待。每一个午后，托马斯总会时不时地向田间小路的远方眺望，他希望安娜单薄纤瘦的身影在某个时刻突然闯入他的眼帘。然而，第一天失望，第二天同样失望，他所期待的惊喜并没有如期而至，反倒是让他在没有希望的等待中变得有些消沉、懊丧。

令托马斯没有料到的是，第三天的下午，安娜竟然挎着篮子再次来到了农场。托马斯远远地就看到安娜从对面田野的小山坡上缓缓而来，她洁白的略有些宽松的裙子在微风中轻轻摇曳，她就像仙女一般突然地降临到了人间。

那一刻，托马斯抑制不住心中的激动和狂喜，他扔掉了自己手中的农具，风一样地向安娜急速奔去。在托马斯没有站定在自己面前的那一刻，安娜并没有意识到那个从田野狂奔而来的男子是来迎接她的。当他汗流浃背、气喘吁吁地跑到她跟前，殷勤地从她手中接过篮子，并向她咧嘴报以灿烂的一笑时，她才知道，他的喜悦原来仅仅是为着她的到来。

"安娜，真高兴你能来！"托马斯高兴得不知道怎么是好，连第一声打招呼的话语都似乎带着幸福的颤抖。

"嗨，托马斯，我们又见面了。"安娜·玛丽对托马斯的激动和兴奋一头雾水，但女子天生的直觉和敏感，还是让她对他的动机有了些许的明了。就在这样的感觉中，她的脸禁不住红了起来，心跳也偷偷地加快。

他们一起走到农场，托马斯便提着篮子，忙着帮安娜一起给工人们倒冷饮。忙完以后，托马斯又提起篮子，跟在安娜的后面送她离开农场。

"托马斯，你回去工作吧，我可以自己回去。"安娜·玛丽站在农场的门口向托马斯道别，这个热情坦率的男子让她的心偷偷地乱了方寸。

安娜·玛丽说完后，托马斯蓝色的深情的眼睛里便泛起了丝丝缕缕细微的失落，他误以为她不喜欢他的这种热情与跟随，所以便略带恳求地说："让我再送送你吧，就30米那么远也好。"

"既然你坚持的话，那么好吧！"安娜·玛丽微笑着点点头。

就这样，他们两个人在夏日的午后，闻着空气中弥漫的草木的香气，走了30米那么远的一段距离，然后又接着另一段……那是一个无比美妙的下午，托马斯讲着农场里发生的各种趣事，安娜则安静地听着，开心地笑着。

在还没认识托马斯之前，很少有人像他一样在安娜·玛丽面前献过殷勤，她也没有对任何其他的男子心动过。甚至，当她第一次遇见托马斯的时候，她也没有产生任何的想法。然而，这第二次的相遇，却让她平静的心里开始泛起了丝丝点点的涟漪。

那一天晚上，安娜·玛丽躺在床上久久不能入睡，下午的一幕幕场景，关于托马斯的一切，都像电影里的片段一样，在她的记忆里一点一点地清晰起来，深刻起来。她不知道，这是不是就是人们所谓的爱情，然而，她却可以肯定，她是希望再次看见托马斯的。

在遇见托马斯之前，安娜·玛丽也曾无数次地幻想过自己未来丈夫的模样，她希望他有一张英俊的迷人的脸庞，她希望他有一双温柔的会笑的眼睛，他希望他能像王子一样地出现，骑着白马，佩着宝剑，威风潇洒地向她疾驰而来。

很显然，托马斯不是理想中的王子，他也没有身骑白马，然而，能够遇见他，还是让安娜·玛丽感到了久违的愉悦和幸福。那些不知不觉的情愫，那些或浅或深的心事，都因为托马斯的出现，而变得与众不同、意味深长。

以后的日子，安娜·玛丽去农场的次数更加频繁了，而托马斯也习惯了每天下午甜蜜而又漫长的等待。主人让安娜·玛丽给工人送冷饮的时候，她就会挎着篮子早早地来到农场；不送冷饮的日子，她就会尽快地做完手头的家务活，乘着下午的片刻空闲赶去农场，只为了能见托马斯一面。

有情人相聚的时光，因为短暂，而显得格外的难得与珍贵。与托马斯在一起的那些时刻，哪怕只是与他安安静静地坐一会儿，安娜·玛丽都觉得是如此美好。安娜·玛丽最喜欢靠在托马斯的肩上，两个人坐在农场的树桩上，看着日光下田野里的一切，觉得最好的幸福也不过如此了。

安娜·玛丽有一双纤巧的漂亮的手，尽管长年做着各种粗重的家务活，但是她的双手依然美丽。托马斯与她在一起的时候，最喜欢将她漂亮的双手放在他的手心里细细地端详、摩挲。那时候，他想尽了所有美好的词语想来形容她的这双手。

当然，托马斯并没有想到，安娜·玛丽在晚年会用她这双"天生丽质"的手，画出一幅又一幅极具乡村风情的美丽的画作来。安娜·玛丽总是能给人意料之外的惊喜，这并不是她在年老以后才显现出来的个人禀赋，而是从她年轻时就已经有了这样的潜质。

有一次，安娜·玛丽又来农场给工人们送咖啡，在工人们喝咖啡的间隙，她偷偷将一个小陶瓷杯塞给托马斯。托马斯接过来一看，看到夕阳西下、晚霞绚烂的背景下，白色的陶瓷杯上用黑漆描着两个并肩依偎的小人，他们的头发在微风中凌乱而又好看地飞起。托马斯看到杯子的第一眼就知道，那画上的人就是他和她，因为人物的轮廓和神态简直与他们本人太像了。

安娜·玛丽告诉托马斯，以后这个杯子将是他专用的杯子，她也有完全相同的一个。托马斯清楚地看见她在告诉他这一切后，她白皙的脸庞情不自禁地显出一点绯红，像三月里悄悄盛开的桃花一般，美得不可方物。

这一段来得晚了一些却足够幸运的爱情，让安娜·玛丽在感恩命运的眷顾的同时，也有了继续展望未来人生的勇气和信心。她相信人生的柳暗花明，相信爱情的坚贞不渝，更相信每个人都可以用努力换来幸运。

最美好的一个夏天

　　夏天的时光闷热而烦躁，所以总是漫长而难熬。但对于安娜·玛丽来说，27岁那年的夏天简直就是她生命中最美好的一个夏天，托马斯的到来，似乎让她生命里的一切都熠熠生辉了。爱情会让人盲目，但这份盲目所带来的愉悦却是无与伦比的。

　　安娜·玛丽庆幸的是，在这份盲目的喜悦里，她最终找到了人生的方向。托马斯没有辜负她，他给了她一生中最美好的时光，也给了她许多年老后依然能清晰记得的珍贵回忆。在她对爱情和自己的人生都毫无概念的阶段，她遇到了生命中最重要的人，在过去的20多年时间里，她从未想过他们会这样相遇甚至相爱。

　　安娜·玛丽同样没有想到的是，托马斯会在他们相爱后的不久，竟然就向她求婚了。他们都到了该结婚的年纪，然而当托马斯单膝跪地，诚恳地向她求婚的那一刹那，她还是满脸诧异，惊惶得有些手足无措。

　　那是一个夏末的黄昏，托马斯从农场工作完后便走过来找安娜·玛丽。在农场主家的苹果树下，托马斯单膝跪地，举着那枚他母亲给他的简朴的银戒指，一脸虔诚地向她求婚。那个时刻，农场主和他的妻子，还有几个仆人，都围在院子里看着这感人的一幕。随后，安娜·玛丽便在众人的鼓掌声和喝彩声中，接受了托马斯的求婚。

安娜·玛丽不是因为觉得自己到了该结婚的年龄，才会答应托马斯的求婚，而是因为求婚的人是托马斯，她才会毫无顾虑地接受。她爱他，虽然时间短暂，但爱意绵长，所以她相信自己可以在一种新的状态里与他继续相爱，一起去迎接未来生活的种种悲哀与欢喜。

在命运的安排下，他们成了彼此最信任、最依赖的人。对安娜·玛丽来说，能够嫁给托马斯，绝对是她生命中最奇妙的一件事情。在嫁给托马斯之前，她一直待在农场主的家里做着女佣的工作，那些粗笨繁重的家务活冲淡了她对未来的一些美好的想象。她的人生从来不曾精彩纷呈，也不曾与众不同，只是在家长里短的平平淡淡与烦琐冗杂中日复一日地机械生活。

凭着少女对于爱情的一腔热情与无限向往，安娜·玛丽在无数个失眠的夜晚，也曾偷偷地幻想过，自己未来会遇到一个什么样的人，最终会嫁给一个怎样的丈夫，他会不会像她爱他一样认真地爱着她，会不会在每天清晨睁开眼看见她的那一刹那对她温柔地道一声早安。如此种种，安娜·玛丽反反复复地想过很多温馨的场景。在她以前的幻想中，那个人只是一个模糊的影子，而现在那个人变成了托马斯，有了具体的面容和真实的身形。

嫁给托马斯以后，安娜·玛丽度过了一生中虽然平淡但却是最幸福的时光，他对她的爱从未减少过，反倒是与日俱增。结婚以后，托马斯从未做过什么让她感到格外惊喜的事情，有的时候，他因为急着去做工，常常匆忙得忘记和她说一声早安。托马斯不善言辞，不会说一些甜言蜜语，更不用说在特别的节日送她娇艳的玫瑰来表达爱意。即便如此，安娜·玛丽还是感到满足而又幸福，因为她知道，托马斯对她深深的爱意都潜藏在他的实际行动里。他用他全部的努力给了她一个温暖而有爱的家，她很知足，也很快乐。

婚礼结束后不久，托马斯为了能给安娜·玛丽一个更好的生活，便和她商量着去外地寻找更好的机会。安娜·玛丽清楚地知道他们在家乡的生活不会有更好的未来，于是同意了托马斯的提议，两个人便开始收拾起外出的行李。没过几天，他们夫妻二人便踏上了开往北卡罗来纳州的火车，很多年轻人都去那儿打拼。

坐在火车上，看着窗外迅速倒退消逝的景色，安娜·玛丽感到了一种前所未有的轻松与释然。与许多背井离乡的年轻人不同，安娜·玛丽对未来的生活充满了乐观的憧憬，面对陌生的未知的风景，她并没有丝毫的担心和忧虑。纵使未来会很辛苦，她也不怕，更何况她的身边还有丈夫托马斯的陪伴呢！

托马斯本来还担心妻子会不适应漂泊在外的生活，因为在他看来，女人通常要比男人软弱一些，然而安娜·玛丽用行动否定了他过于武断的猜想。稍许漫长的旅途对于孤身的旅人来说，总是显得有一些疲倦无聊。然而，对于托马斯夫妇而言，这是一次全新的开始，也是一场有意义的探险。

安娜·玛丽从来没有出过远门，从小到大，她行走过的区域，都限定在家与农场之间。因而，这一趟离开家乡的远行，对于她而言，满是新奇，也满是惊喜。透过车窗，托马斯总是将一些路过的有趣的地方指给她看，她也因为那些美丽的风景而看得失神，常常忘记了自己，忘记了时间的流逝。也就是在那个瞬间，安娜·玛丽突然想到了家乡，想起曾经熟悉的农场周围的那些田野和牧场，想起自己曾经眺望过的那片天空下所有的一切，淡淡的伤感便悄悄地将她包围。

好在托马斯是懂安娜·玛丽的，每当她沉默的时候，不善言辞的他总是会绞尽脑汁地找一些话题来与她聊聊。那些旅途的无聊疲惫，还有那因睹物思乡而生出来的愁绪，就在夫妻两人简单温馨的谈话中渐渐地四散开来，直至消失不见。

托马斯的话不多，更不会花言巧语，但是他总是能从安娜·玛丽的眼睛里读懂她的心事，因而他的体贴与细致总是能恰到好处地给她安慰，总是能让她情不自禁地被他感动。所以，当托马斯提出要带着她去另一个地方闯荡时，安娜·玛丽没有任何迟疑地就点头答应了，因为她相信他，因为他们深爱彼此。

当时，在摩西夫妇座位的对面坐着一位60多岁的老人，他大多数的时间都闭着眼睛在睡觉，偶尔清醒时会看看窗外的风景。安娜·玛丽发现，他隔着玻璃看外面迅速倒退着的景物时，眼睛里会悄悄地泛起一层涟漪，那些水雾一样的透明体其实就是他的眼泪。安娜·玛丽不知道他为何伤心，但是她能清楚感觉到他的孤单。

到了用餐的时间，老人向服务员要了一杯白开水，然后拿出一个干巴巴的黑面包默默地啃着。安娜·玛丽便将她和托马斯在上车前准备的一些奶酪和水果推过去，请老人和他们一起用餐，然而他微笑着拒绝了。托马斯随即将自己装着果子酒的小酒壶递给老人请他尝尝，这一次，老人没有推辞。

老人喝了一口果子酒，咂摸了一下，然后对着托马斯竖起了大拇指。托马斯知道老人是在夸赞果子酒的好味道，然后他笑着指了指身旁的妻子说："都是她的功劳。"

老人爽朗地笑了一声，然后对安娜·玛丽说："你酿的果子酒真的很棒，这是我喝过的味道最美妙的果子酒。"

安娜·玛丽被老人热情的赞扬弄得有些不好意思，于是，她将酒壶再一次推到老人的面前，说道："如果觉得好喝的话，您就再多喝一点吧！"

老人显然是爱上了这果子酒的味道，索性拿起酒壶又喝了一大口，接着啃了一口黑面包，一副优哉且满足的模样。托马斯夫妇被老人爽朗的笑声感染了，于是，他们和老人一边吃着一边聊着，原本略显单调的旅途也因为三个人的笑语而变得热闹起来。

老人十分健谈，在融洽的氛围中，他向托马斯夫妇讲起了自己的身世。原来他是弗吉尼亚州的一个伐木工人，受雇于当地一家较大的农场，很受主人的看重。他的妻子在几年前就已经因病去世了，他的儿子和媳妇在家乡务农，此次他回乡就是为了去探望他们和他那刚出世没多久的小孙子。他觉得自己的身体还很硬朗，所以不想过早成为儿子的负担，纵使儿子能够养活他，他还是更愿意自食其力。

当老人跟托马斯夫妇提到他那逝去的温柔的妻子时，安娜·玛丽看到他浑浊的眼睛里再次涌起了水雾一样的泪水。老人从胸前的口袋里摸出了一张四寸大小的黑白照片，是他妻子年轻时拍摄的，四周的白色空白已经泛黄了。

"看得出来，您很爱她。"安娜·玛丽说。

老人用粗粗的手指抚了抚照片中妻子的脸庞，然后又将照片放回胸前的口袋里，说道："我这一辈子，就爱过她一个人。"

"她多幸福！"安娜·玛丽禁不住感叹。

老人微笑地看着托马斯夫妇，说："你们也很幸福。"

安娜·玛丽腼腆地笑了笑，然后用手去握住托马斯的手，托马斯也低下头温柔深情地看了她一眼。那时候，正是夕阳半山、晚霞如虹的黄昏，车窗外的远山、田野、树木、花草全笼罩在一片淡金色的光辉里，煞是美丽。

列车一路疾驰，很快便到了弗吉尼亚州，老人起身收拾好自己的行李，还有一刻钟，他就要下车了。临走前，老人问托马斯夫妇是否愿意去他现在工作的农场干活，因为他的主人正在招募新的雇工。如果他们愿意的话，可以跟他一起下车，他很乐意向农场主人推荐他们两人去农场工作。

安娜·玛丽和托马斯思考了一会儿，便决定跟随老人一起下车，因为他们愿意为任何可能的机会去搏一搏。更何况，老人如此真诚，他们没有理由不相信他。这一个决定是偶然而仓促的，就像他们当初决定离乡去北卡罗来纳州闯荡一样，所有的开始都带着冒险的成分。然而，年轻的资本不就是无所畏惧吗？比起偏安一隅的毫无起伏的生活，安娜·玛丽更喜欢在未知的挑战中去迎接一个全新的人生，托马斯也是如此。

火车到站后，托马斯夫妇跟随老人下车，来到了弗吉尼亚州的斯汤顿。那时的斯汤顿是弗吉尼亚州西北部的一个城镇，坐落于谢南多厄河谷，名字源于州长威廉·古奇的妻子利贝卡·斯汤顿。斯汤顿因别具特色的历史建筑而知名，农牧业也很发达。

当天晚上，他们在老人的小屋中度过了在异乡的第一个夜晚。那一夜，没有星星，月亮却很亮，安娜·玛丽和丈夫托马斯因为兴奋而一度失眠。

第二天一早，老人就带着托马斯夫妇前往农场主的家里。农场主只是简单地问了一些比较常规的问题，便决定将自己的一座农场租给他们夫妻俩打理。多亏了老人的帮忙，托马斯夫妇的工作问题很顺利地得到了解决，这让他们感到很轻松，也很开心。

　　接下来，托马斯夫妇开始着手布置自己的新家，房子不大，但是也足够满足他们两个人生活起居的一切需要。托马斯用农场里的一些废弃木料做了几个矮脚的凳子和一张三角的桌子，虽然粗糙简陋，但是却让他们的家显得完整了很多。

　　安娜·玛丽将屋子内外打扫得一尘不染，还动手缝制了窗帘和桌布，凳子的表面也被她用蜡纸打磨得光滑透亮。原本简简单单的一间客厅，经过她的精心布置，竟在一夕间焕然一新。安娜·玛丽还从田野里采了一些新鲜的野花回来，将它们插在洗干净了的陶瓷罐子里，淡淡的花香悄悄地弥漫开来，整个房间也因此呈现出了一种朴素而又别致的美丽。

　　闲来无事的时候，那位老人偶尔也会过来拜访托马斯夫妇，但是他每次来总是待不了多久便要离开。老人是天生闲不住的人，他喜欢干活，他说工作让他充实，让他快乐。有时候，他会给托马斯夫妇带一些生火的木柴，但是他却坚决不接受他们送给他的一些食物。老人很热心，也很固执，但安娜·玛丽和托马斯打心底里喜欢他，尊敬他。

　　老人的小屋距离托马斯夫妇的住房并不远，只需要步行十分钟便可到达。有时候，安娜·玛丽会做一些可口的食物，跟托马斯一起去老人的小屋和他一起用餐。因为只有这样，老人才不会拒绝他们的好意，他才会毫无芥蒂地和他们夫妇一起享受那短暂而美好的闲暇时光。

开始总是艰难的，虽然安娜·玛丽和托马斯之前有一点小小的积蓄，但是要在一个新的地方谋生，除了运气，他们还需要更加努力才行。安娜·玛丽和托马斯都很清楚他们的处境，因而他们在生活的开支上总是尽量节俭，在工作上，他们也各自付出了全部的辛勤和汗水。

在斯汤顿这个不大不小的城镇，像安娜·玛丽和托马斯一样，有很多从外乡来的男女在这里做工。为了更好的明天，他们离开了故乡的热土，孤注一掷，然而那遥远的未来总如天边的星星，看得见，摸不着。有很多人为此感到深深的沮丧，也曾抱怨过命运的不公平，但是消沉过失落过以后，还是要继续努力拼搏，因为今天总会过去，明天还要继续。

安娜·玛丽和托马斯在最辛苦的时刻，也曾怀疑过自己曾经的选择，但庆幸的是，他们依然坚持着走了下去。诚然，他们是两个人，就算再艰难的日子，也有另一个人的陪伴与安慰。正是因为有托马斯的存在，安娜·玛丽才有信心去走那些未知的路，才能够在看不见未来的惶惑里安心地过好属于他们的生活。

Chapter Two

漂泊、努力和返乡

烤鸡和果子酒

定居斯汤顿以后，托马斯每天很早就要去农场工作，安娜·玛丽每天做完自己的家务活以后，总是会做一些手工来贴补家用。安娜·玛丽的父母曾经就是这样来维持他们的家庭开支的，而现在她和丈夫也要像父母一样来经营他们自己的生活。

时间真是个神奇的东西，在日复一日的循环中，总有一些变化是让人后知后觉却又倍感惊异的。就像安娜·玛丽从一个少女忽然间就变成了一个少妇，托马斯也从一个单身的小伙子变成了一个丈夫，是缘分让他们相遇，是爱情让他们结合，是责任让他们不离不弃。

来到斯汤顿后，安娜·玛丽每天都起得很早。清晨 6 点钟的时候，她几乎总是和托马斯同步醒来，那是一天中最美好的时光。托马斯会在她睁开眼的时候，给她一个温暖的微笑，一个甜甜的吻，让她觉得格外沉醉，也格外幸福。

每一个清晨都是一个新的开始，安娜·玛丽喜欢充满希望的生活，也喜欢迎接每一天新的太阳。托马斯去农场以后，她不允许自己闲着，家务很多，但她总是有办法处理得井井有条。心里有期待的时候，做任何事都是元气满满。

农忙的时候，托马斯通常没有时间回家来吃午餐，安娜·玛丽就会早早地做好午餐，为他送到农场。每次在去给托马斯送饭的路途中，安娜·玛丽都有一种错觉，仿佛她自己还是一个在热恋中的少女，脚步轻快，只是为了去赴一场和情人早已许下的约。每每这个时候，托马斯也怀着激动的心情，在等待着他可爱的妻子的出现。时间仿佛一下子回到了他们刚刚认识的时候，她去农场给工人们送冷饮，而他总是在盼望她的到来。

去农场的时候，安娜·玛丽总是会在篮子里放一块干净的桌布，她会将桌布铺在草地上，然后一一将带来的食物摆在上面。纵使食物简单，但在蓝天白云之下，托马斯和她能够围坐在干净的桌布旁吃着自己辛勤工作换来的劳动成果，她觉得所有的辛苦都值得。

安娜·玛丽一直记得小时候父亲曾对她说过的话：一定要学会看清自己脚下的道路。在她和托马斯共同生活的日子里，他们遇到过挫折，也曾经怀疑过未来，但是他们学会了看清自己脚下的路，也在努力着一步一步地向路的远方前行。

日子总是慢慢好起来的，明天会来的，太阳也会在新的一天重新升起。安娜·玛丽相信她和托马斯的选择，也相信他们正走在通往幸福的路上。因而，即使在最艰难的日子，她也能从容地应对每一天的琐碎和烦恼。

安娜·玛丽从来不怀疑自己是幸福的，但时而在闲暇无事的午后，她也会静坐在餐桌前，双手托腮，向往一些自己的生命中从未拥有过的事物。曾经有很多个时刻，她盯着自己身上那条洗得有些发白的连衣长裙，心里便开始向往自己能拥有几套时髦但不会很贵的裙装，当然，如果再有两双舒适又漂亮的鞋子就更好了。她渴望贵妇般的高贵、优雅，但是这种向往却与财富的多少无关，那是她自己的生活态度，也是她想要的或许不富有但一定要精致的人生。

安娜·玛丽也曾梦想过养许多可爱的动物，她喜欢看这些灵敏的精灵般的生物，在她生活的农场里自由地奔跑。在她的想象中，屋前要种几株山茶花，有一两丛玫瑰间杂其中会更好；屋后要辟一块菜园，里面种一些颜色鲜艳的可口的蔬菜，可供欣赏，也可用以食用。她还想过，在小屋四周种一些常青藤，翠绿的藤蔓可以绕着房子的四壁尽情舒展蔓延，那一定很美！

这些零碎但美好的幻想，是安娜·玛丽对未来生活的美好向往，也是支撑她在异乡奋力打拼的动力。她也曾把自己的一些想法，讲给与她相处较为融洽的农妇听，但是她们看着她一脸神往的表情，总觉得有一些不真实。

梦想是如此重要，只有曾经拥有过的人才知道，它是真的可以让人与人区别开来。正是因为清楚地知道自己想要怎样的生活，安娜·玛丽才会始终怀抱着美好的憧憬，在陌生的异乡咬紧牙关、拼尽全力地为了她和托马斯的未来而奋斗。

来到斯汤顿以后，安娜·玛丽和托马斯一直在忙着布置自己的新家，继而又要为生活的开支而各自忙碌，除了偶尔在晚上临睡前休憩片刻以外，他们几乎没有多少休闲的时间。时间悄悄流转，转眼就快要到圣诞节了，这是他们离开家乡以后的第一个盛大节日，安娜·玛丽打算好好准备一番，毕竟这也是她和托马斯新婚后即将共度的第一个节日。因而，在圣诞节的前一个星期，她就开始打扫房子，并为了准备节日的食物而忙得焦头烂额。

斯汤顿的冬天远比格林尼治的冬天要冷得多，严寒萧瑟的北风从谢南多厄河谷穿行而下，田野、树木和房屋无一例外都会受到它的肆虐侵袭。就是在这样的寒冬里，多数的农人都开始躲在自己的小屋里烤火休息，但托马斯并没有闲下来。他忙完了农场里的活计，又开始准备过冬的柴火，虽然现有的木柴已经足够他们整个冬天的生火供暖之用，但是他更喜欢未雨绸缪。

安娜·玛丽在圣诞节来临之前，一直在厨房里忙个不停，他们买不起贵的食材，但是她希望自己做出来的每一样食物都是可口的，她希望托马斯会喜欢。她用为数不多的钱买了一只还算便宜的火鸡，这是他们来到斯汤顿以后最大的奢侈享受，平日里她和托马斯总是习惯了吃土豆饼和玉米汤。她还做了南瓜饼，里面掺上一些煮熟的红豆，浓浓的糖浆浇洒在外面，金黄的颜色配上甜腻的口感，味道真的很不错。

以前在家的时候，安娜·玛丽总喜欢在厨房里帮母亲做些杂事，久而久之，她也学会了一些简单的烹饪。在农场主家里做女佣的 15 年时间，她学会了挤牛奶、缝纫，也学会了做奶酪和蔬菜罐头，她的厨艺就是在这段时间里突飞猛进的。农场主和他的妻子曾经不止一次地当面夸奖过安娜·玛丽的烹饪手艺，那个时候她会在心里感谢自己的母亲，因为是母亲教会她做每一件事都要用心。她用心了，因而即便是同样的一件事，她也能比其他人做得更好。

圣诞节的前一天下午，斯汤顿下起了雪，田野和村庄很快就被纷纷扬扬的雪花覆盖、淹没。简单地吃过午餐后，安娜·玛丽开始准备晚餐了，火鸡已经涂上了酱汁和调料，南瓜饼也已经做好，一切都在她的计划之中。托马斯预备了足够多的柴火，现在他终于闲下来了，坐在火炉边打盹。

晚上 6 点钟的时候，曾经帮助过他们的那个老人应邀来和他们一起过圣诞节，虽然一开始他是拒绝的，但最后还是禁不住他们夫妇的热情相邀而答应了。托马斯拿出了醇香的果子酒，安娜·玛丽端上了烤鸡、南瓜饼、面包和果酱，醉人的食物的香气迅速地弥漫了整个屋子。

那个时候，斯汤顿的每一个家庭都开始了圣诞节前夜的狂欢，当然，斯汤顿以外的其他家庭也是如此。窗外的雪仍旧在密密地下着，原野里树木的枯枝在积雪的沉压下伴着一声清脆的响声迅速掉下，而室内的大人和小孩在一片欢声笑语中忘记了外面的世界。

尽管飘落在异乡，安娜·玛丽在那一刻还是快乐的，因为她有一个温暖的家，因为她有一个爱她如生命的丈夫。醇香的果子酒，酥嫩的烤火鸡，甜糯的南瓜饼，美味的食物，温暖的家的味道，总是能给人无尽的安慰。就连形单影只的老人，也在这其乐融融的氛围里暂时忘记了离家的忧愁和孤独，因为托马斯夫妇的热情和关爱给了他家一样的温暖，在这一刻，他也是幸福的。

有时候，幸福就是这么简单，只要感到幸福，那便在幸福之中了。一顿虽然不够丰盛但绝对美好的圣诞晚餐，就可以让安娜·玛丽觉得生活是如此完满，人生是如此充满了希望。

安娜·玛丽曾说，在这个世界上，唯有爱与希望让人觉得充实而又美好。然而，许多人总固执地认为自己的生活中看不到希望，他们所见到的、听到的都是令人失望乃至绝望的事情，他们以为一切美好的事物都离他们很远，但他们从未认真地去思考过生活的本质。

人们总是在感叹自己的生活之路太过艰辛时，却看到别人怀抱鲜花从远方而来。他们带着羡慕又嫉妒的表情，惊讶地询问别人的鲜花是从何而来，为什么他们不曾看到过这样美丽的鲜花。继而，别人随手一指，询问者随之低头，却忽然发现，原来自己所在的地方就满是鲜花，只是因为自己总是东张西望，而忽视了脚底下这一片美丽的色彩。

安娜·玛丽相信，鲜花就盛开在自己的脚下，太阳会在每一个清晨照常升起，美好的生活总会来临。因而，纵使她和托马斯

　　在斯汤顿的生活从一开始是艰难而又略带心酸的，但是在每一个为了未来而努力工作的日子里，安娜·玛丽总是能在平凡琐碎的生活中，发现美好，看到幸福。

　　斯汤顿的新生活给了安娜·玛丽一种美妙的体验，她从一个大家庭中走出来，和托马斯组成了一个新的小家庭，他们两个人的努力就可以决定他们未来生活的样子。她觉得这是生活赐予她的另一个挑战，是人生的另一个阶段的开始。而庆幸的是，对于这一切，她已经早早地做好了准备。

初为人母

斯汤顿的冬天稍显漫长，然而无论如何，春天还是会随着太阳的北移而逐渐来临。当人们还舍不得离开烧着壁炉的温暖的房间时，在空旷的山林和田野间，树梢上的雪团和冰凌已经开始融化，偶尔伴随着一声巨响，雪团就簌簌地掉落下来，冰凌也迅速地消融了。

谢南多厄河谷在整个冬天是沉寂的，只有在春天悄悄到来时，河流才会慢慢地解冻。当斯汤顿的人们听到河谷里开始响起淙淙的流水声时，他们的脸上就会露出会心的笑容，因为春天已经来了。

安娜·玛丽曾经以为格林尼治的春天是独一无二的，但是来到斯汤顿以后，她才发现，春天的美可以有很多种。她喜欢谢南多厄河谷两旁那些随河道无尽延伸的苗壮的无花果树，喜欢对面小山坡上那些在还未完全消融的积雪下微微露出的草色，也喜欢隔着厨房的木窗格听那些从南方飞回来的鸟雀的叽叽喳喳。

春天是个忙碌的季节，托马斯又开始了早出晚归的生活，仿佛总有干不完的活儿。安娜·玛丽早已经熟悉了这样的生活节奏，她的生活已经渐渐地形成了定局，但是她并不觉得疲惫，反而乐在其中。她喜欢忙碌，忙碌的生活让她觉得充实，让她觉得生活充满了希望和无限的可能。

每天起床后，安娜·玛丽会为托马斯准备可口的早餐，她喜欢看着他大口地吃完，然后精神饱满地去农场干活。托马斯外出工作以后，她就忙着做家务，尽管要做的事情有很多，但是她总是能有条不紊、轻松应对。有很多个忙碌的时刻，她的双手被擦地板、装蔬菜罐头、挤牛奶、打扫屋子这样的琐事而占有，但她的脑子所想的事情却是如何将餐桌上的花瓶插满鲜花，怎样为在农场劳累了一天的托马斯准备可口的饭菜。

就是在生活最艰难的时候，安娜·玛丽也从未想过要潦倒度日。日子虽然很拮据，但她每天都将家里打扫得一尘不染，凡是她打扫过的地方，干净得就好像被一场大雨洗刷过的蓝天一般。她总是将她和托马斯的衣服洗得干干净净，虽然都是旧衣服，但是她不允许出现一点污渍。

这样平淡到三言两语就可以概括的日常生活，总是让人会产生一种本能的抗拒，但安娜·玛丽却并不因为工作的烦琐、辛苦而失去了对生活的热爱。诚然，她每一天都在重复地做着相同的工作，但是每一天，她都会尽力开心、满足地度过。那个时候，她依然不知道父亲说的路是怎样的，但是她明白，不论选择了怎样的人生，只要努力地去接纳生活所赋予的一切，能让自己的每一分每一秒都不留遗憾，那样便足够了。

在安娜·玛丽和托马斯的小屋的周围，还住着其他几家佃户，他们有的是本地的居民，有的也像他们一样是从异乡辗转而来。安娜·玛丽和几位邻居都相处得很融洽，闲来无事的时候，那些妇人们都喜欢到她家来坐坐、聊聊天。逢到有人接了多余的手工活的时候，她们都愿意分给安娜·玛丽一些，因而，她在做完家务活后，还可以赚到一些零碎的工资。虽然托马斯曾多次劝她，让她不必这样操劳，但她还是愿意和他一起来共同维持他们的家。

和托马斯结婚后，安娜·玛丽才真正开始独自料理家务，与其他的家庭主妇相比，她做的一点也不差，甚至要好很多。她跟着邻居的那些妇人们学着制作黄油、炸薯片出售，任何可以贴补家用的机会她都不愿放过。她希望尽自己最大的努力，能够让生活向着更好、更美满的方向发展。

庆幸的是，在安娜·玛丽和托马斯共同的努力下，他们在斯汤顿的生活终于有了很大的好转。经过一段时间的辛苦工作和努力节省，他们也积攒了一笔钱，托马斯在农场的收入也完全足够应付他们的家庭开支。生活上的改善，让夫妻两人长长地舒了一口气，他们的努力终于得到了应有的回馈。

邻居中有几个与安娜·玛丽同龄的少妇，都相继有了自己的孩子，这让她非常羡慕。闲暇的时候，那些妇人会抱着自己的孩子来安娜·玛丽家里串门，她总是会忍不住多看两眼那些孩子粉嫩的小脸庞，那个时刻，她真希望自己立马也能有一个同样可爱的小宝贝。刚来到斯汤顿的时候，安娜·玛丽和托马斯为了生存不得不每天辛苦工作，那时他们只希望生活能轻松一点、舒适一点。然而，等到他们有了自己的农场，生活条件也大大改善以后，他们才开始觉得，两个人的生活虽然幸福，但如果能有一两个属于自己的孩子，生活将会更加美满。

尽管安娜·玛丽和托马斯都想要属于他们的孩子，但是他们并没有在许愿之后就立马心想事成。因为有些事情不是心急就可以实现的，有时候等待也是必需的过程。安娜·玛丽当然明白这个道理，所以在等待的过程中，她始终怀着一种顺其自然的态度。她知道他们还年轻，属于他们的孩子总会来到，有时候幸运的降临仅仅只是时间的问题。有时候托马斯会显得有些灰心丧气，但是安娜·玛丽会及时地安慰他，而他也总是愿意相信她。

几个月后，安娜·玛丽和托马斯的耐心等待终于有了结果，他们很快便被医生告知他们即将迎来属于他们的第一个孩子。那一刻，安娜·玛丽看到丈夫的眼睛里忽然有泪光在闪烁，而她也因为激动和兴奋一时间竟有些不知所措。幸福总是来得很突然，纵然他们曾经千百次地幻想过那个美好的场景，但是当它真正到来时，他们还是没能控制住自己汹涌的情绪。

自从安娜·玛丽怀孕后，托马斯就不准她像以前那样劳累了，除了一些简单的家务活，其他的活儿几乎都被他包揽了。以前都是安娜·玛丽早起为托马斯做早餐，但是现在他总会偷偷地早起，然后做好早餐为她端到床边。那个时刻，太阳透过小木窗将一片淡淡的晨光洒落在床前的地板上，安娜·玛丽靠在床头，看着白瓷盘里的黑面包和煎鸡蛋，觉得这就是她想要的最好的幸福。

托马斯是一个勤劳持家的丈夫，在农场工作的时候，他会想办法在有限的时间里做更多的工作，因而每天晚上他总是要忙到很晚才回家。安娜·玛丽会做好晚餐在家里等他，她很享受这等待的时光，因为她喜欢每次他归来推开门的那一瞬间所带给她的惊喜。

日子一天天过去，安娜·玛丽的肚子也越来越大，除了做饭、缝纫等简单的家务活，她能做的事情也越来越少。虽然托马斯从一开始就不让她再像以前那样拼命地劳作，但是私下里安娜·玛丽还是干了许多力所能及的活儿，直到她的身体越来越笨重，她才终于肯听从丈夫的劝告，逐渐放下手边的家务事。

彻底闲下来以后，安娜·玛丽喜欢在每一个晴朗的午后，从家里慢悠悠地步行到托马斯工作的农场。沿着那些曲曲折折的田间小路，安娜·玛丽在4月并不强烈的日光下，慵懒地走着，在春天呈现出另一种风情的远山、树木、河流、田野和草地，让她情不自禁地沉醉。比起格林尼治，斯汤顿的春天要内敛一些，树木仿佛是悄悄绿起来的，花儿也偷偷地在含苞待放。只有走出家门，你才会知道，沉寂了一个冬天的村庄早已经换上了一幅新的模样。安娜·玛丽对大自然的美景一直有种天生的敏感，她总是能轻易地察觉到季节的交替和色彩的变化。当她还只是一个小女孩的时候，她就喜欢观察家乡的四季，那些季节与季节之间的景色变幻，常常让她在惊诧的同时，又忍不住在心里欢呼雀跃。

有了孩子以后，安娜·玛丽似乎更容易开心了，即将成为一个母亲的喜悦，让她对于生活、对于未来有了更多的期待和憧憬。农场里高高堆起的草堆、泥地里小小的水洼、栅栏旁打着瞌睡的小狗，这些极富生活趣味的场景通通会让她莫名的高兴。

在等待托马斯归来的傍晚时分，安娜·玛丽喜欢坐在院子里的胡桃树下，看着西天尚未落下的残阳，一个人静静地发呆。村庄里其他人家的屋顶上此时已经冒出了缕缕炊烟，有些孩子在院子里追逐嬉闹，田野里响起了农人们互相吆喝的问候声，牛羊的叫声和远近的狗吠声交织在一起，夜幕就在这不动声色的热闹里悄悄降临。

那个时候，安娜·玛丽轻轻抚摸着自己日渐隆起的腹部，心里幻想着自己孩子的模样，欢笑的、调皮的甚至是哭闹时的样子。在那样静寂的时刻，她似乎能够清晰地感觉到，她腹中的小生命正随着她均匀的呼吸而有了一些微小的动静，因为这样的惊喜，她常常感动得红了眼眶。

在孩子出世的前一个月，安娜·玛丽就做好了各种准备，怀着即将为人母的愉悦的心情，她提前给自己的孩子做好了新衣服和新鞋子。她给在格林尼治的父母写了信，在信中，她满是激动地告诉他们，她和托马斯的第一个孩子马上就要出生。安娜·玛丽的父母收到信后，也禁不住为自己的女儿感到开心。在回信中，母亲告诉安娜·玛丽，她很愿意在孩子出生以后，前往斯汤顿来看望他们。为此，安娜·玛丽更是早早地就盼望着孩子的降生，双重的喜悦让她幸福得有些眩晕。

那是一个阳光和煦的日子，托马斯被邻居从农场唤回。当他怀着狂喜的心情从那条熟悉的田间小道一路飞奔回来的时候，邻居家的几个妇人已经在手忙脚乱地帮着他的妻子接生。托马斯想进去陪伴自己的妻子，但邻居的妇人们更希望他能安静地在房门外等待，他听从了她们的建议，但内心却很焦急。

在生产的几个小时里，安娜·玛丽几乎拼尽了全身的力气，她觉得自己快要被巨大的疼痛给吞噬，她觉得时间漫长得仿佛是过了一个世纪。就在她以为自己快要撑不过去的时候，伴着一声清脆而响亮的啼哭，她的第一个孩子出世了。

那一刻，站在房门外的托马斯在心里默默地叫了一声"上帝"，然后就欣喜若狂地冲进了屋里。安娜·玛丽看着孩子灰蓝色的大眼睛和浓密的睫毛，禁不住流下了感动的喜悦的眼泪。托马斯则一边握着妻子的手，另一边握着孩子的小手，因为无法言喻的激动，一时间，他竟然无法说出任何话语。

那是属于安娜·玛丽和托马斯两个人的寂静时刻，在他们对小婴孩长久而专注的凝视里，空气中的尘埃在飞舞，连呼吸都在欢呼。因为这个小天使的降临，安娜·玛丽和托马斯从此将不再只是两个人，而是一家三口，是一个有父母也有孩子的完整家庭。

一个母亲的眼泪

和托马斯结婚以来，安娜·玛丽并没有深刻地觉得自己与婚前有任何显著的不同，但是当他们有了自己的孩子以后，她才终于感到自己已经是一个母亲了。从妻子到母亲的身份切换，仿佛是一刹那的事情，但她其实已经为此做了很长时间的准备。她喜欢孩子躺在臂弯里对她甜甜地笑，她也喜欢被母性的天职所束缚，那是一种甜蜜的负担。

成为母亲之后，安娜·玛丽才对自己的母亲有了更深沉的爱，因为同样的身份让她逐渐明白了做母亲的辛苦，也让她慢慢懂得原来母爱可以这样无私而伟大。当孩子的小手抓住她的那一刻，她的心就融化了，仿佛五月的春风拂过了她的脸庞，仿佛午后的阳光温暖了她的心房。

渐渐地，安娜·玛丽发现自己越来越柔软了，她的笑容越来越多，就连说话的语气也越来越细腻柔软了。邻居们都说，她像变了一个人一样。那个时候，她就在心里默默地想，女人其实是很容易被自己的孩子影响的，因为当一个女人有了自己的孩子以后，她会更强烈地希望成为一个更好的人，成为一个更好的母亲。

托马斯也很喜欢孩子，以前他总是要在农场忙到很晚才回家，但自从有了孩子以后，他回家的时间就提前了。每天晚饭过后，是托马斯夫妇最享受的时刻，安娜·玛丽抱着孩子轻声哼着儿歌，而托马斯会在一边做各种鬼脸逗孩子笑。昏黄的灯光下，温馨的家，有丈夫有妻子也有孩子，这样的幸福多好！

因为安娜·玛丽和托马斯都很喜欢孩子，所以在第一个孩子降生以后，他们又相继生了好几个孩子。有了第一次生孩子的经验，安娜·玛丽对分娩这件事已经没有那么恐惧，相反地，她很享受孕育每一个孩子的过程，也很喜欢孩子落地时的第一声啼哭。

那个时候，安娜·玛丽和托马斯已经攒了一些钱，农场的收入也足够养活他们的孩子。因为夫妻两人都喜欢热闹，他们便决定多要几个孩子，并希望摩西家族能够由此繁盛起来。然而，事与愿违，虽然安娜·玛丽和托马斯相继生了 10 个孩子，但有好几个孩子都在小时候不幸夭折了，他们最终还是只保住了 5 个孩子。

对于一个母亲来说，这个打击是无比沉重的，为此，安娜·玛丽曾一度伤心欲绝、痛不欲生。有很多个因为伤心而整夜失眠的晚上，安娜·玛丽躺在床上，看着房间里漆黑的一片，她竟然感到了前所未有的孤独。那种孤独感不是因为她孑然一人才从心底深处冒出来，而是因为她失去了自己的孩子。一个不断失去自己的孩子的母亲，就像一朵花看着自己的花瓣一片一片凋落却无能为力一样，那种感觉是孤独而又绝望的。

托马斯也很难过，但是在妻子面前，他总是尽量地克制着自己的情绪。他不想在她面前露出忧伤，因为他知道，她的伤疤要比他深，也比他的更难以愈合。那是一段灰暗的日子，在安娜·玛丽的眼中，整个世界仿佛都失去了颜色。她习惯了沉默，沉默的时候，连呼吸都是痛的。她听不进别人的劝说和安慰，除了她自己，没有人能拯救她。

曾经帮助过安娜·玛丽和托马斯的那个老人，在他们夫妻痛失了自己的几个孩子以后，经常过来陪伴他们、安慰他们。为了开导安娜·玛丽，老人向她讲述了自己的不幸遭遇：他和自己的妻子一共生育了 4 个孩子，但第 4 个孩子出生后就死了，而他的妻子随后也因为大出血而不幸去世了。老人告诉安娜·玛丽，其实她和托马斯要比他幸福，他们失去了自己的孩子，但他们还拥有彼此，更重要的是，他们依然有 5 个健康的等着他们用全部的身心去爱的孩子。

过了很长的一段时间，安娜·玛丽才从这种锥心的悲痛走出来。有很多人说她是个坚强的女人，只有她自己知道，是母亲的身份和责任才让她最终从阴霾中走出来的。她不幸失去了自己的几个孩子，但是仍然有几个孩子幸运地存活下来了，他们需要她的爱，而她也必须为了他们再次振作、继续生活。

经历过这一场噩梦以后，安娜·玛丽变得坚强了许多，连她自己都没想到，她竟然可以如此勇敢。在下着暴雨的夜晚，安娜·玛丽躺在床上，听着骤雨如鼓点一样地在窗户上敲打着，她百无聊赖地翻了一下身，回想起曾经每逢雷雨天时自己那种胆小害怕的样子，心里忽然释怀了许多。她庆幸自己能够挺了过来，因为就在那一刻，她仿佛明白，生活就是让人从一场又一场的灾难里逃出来，劫后重生，然后变成另一个全新的自己。而安娜·玛丽认为，她确乎已经是一个全新的自己，一个更坚强的女人，一个更勇敢的母亲。

苦难让人成长，苦难让人变得有哲思。在孩子们都睡下以后，在托马斯沉沉地进入梦乡以后，安娜·玛丽常常一个人坐在客厅里，对着那昏黄的温暖的灯光，想想以前，想想现在，也想想未来。在那些安静的独处的时刻，她似乎能听到自己心底的某种声音，仿佛是来自遥远的天际的召唤，她的灵魂就在那一瞬间的顿悟里飞跃起来。在此之前，她从来都不知道，在尘世的烟火里奔波忙碌已久而略显疲惫的她的体内，还深藏着另一个沉思着的独特的自己。那个时候，安娜·玛丽恍然觉得她已经不是原来的自己了，这种发现令她惊讶。

有一个深夜，安娜·玛丽从睡梦中惊醒，四周黑黢黢的，沉沉的夜色像浓雾一样地将她包绕。她起身看了看墙上的挂钟，时针指示在凌晨一点钟的位置，然后她转身又重新躺到床上，却再也无法入睡。于是，她睁开眼睛，四下打量着她居住已久的这个房间，发现所有的家具和摆设，在夜色的笼罩下，都呈现出一种与她白天所看到的不一样的状态。

安娜·玛丽惊讶于自己的这个发现，就像在某个时刻，她发现了一个完全不同的自己一样。原来，她生活了那么久的房间居然还有自己从未发现过的独特的一面，尽管她无法说出那些确切的不同，但是她知道，她的感觉是真实的。

后来，安娜·玛丽将自己的这个感悟告诉给身边的人，但他们对此都没有太多的共鸣，只有一位朋友在听完她的话后，若有所感地说："的确如此，我们总是看着我们所得不到的，而忽视了我们身边已经拥有的。"

朋友的话让安娜·玛丽陷入了沉思，原来看似一个小小的、不起眼的瞬间，便可以在不经意之间成为一个生活哲理的启发点。那个时刻，安娜·玛丽的 5 个孩子正在院子里互相追逐嬉戏，他们天真的愉悦的笑声此起彼伏地响起，像一首心灵的抚慰曲一样让她觉得满足而又幸福。

忧伤总会过去，而它能带给人的思考和启发却是无尽的，庆幸的是，经历这深重的不幸以后，安娜·玛丽终于再一次找到了内心的平静。活在当下远比无休止的回忆要重要，她明白这个道理的时候，一切都还不晚，而她还有许多的时间去弥补遗憾，并有能力让接下来的每一天都以她自己喜欢的方式度过。

成为一个母亲以后，安娜·玛丽发现，孩子带给她的快乐总是无尽的。每天清晨，她怀着喜悦的心情在厨房做好早餐，然后看着自己的几个孩子笨拙地拿着勺子慢慢地吃完他们盘子里的食物，她就觉得无比快乐。每天晚上，一家人吃完晚餐后，她和托马斯坐在客厅的矮凳上，被孩子们环绕着，托马斯会给孩子们讲一些童话故事，而她就和孩子们一起专注地听，一起开心地笑。

在这样单纯而又简单的日子中，安娜·玛丽逐渐懂得，远离一切让自己失去自我和本真的东西，不过分沉溺过去的点点滴滴，也不为明天种种未知而满心担忧，只活在一切正在发生的，正在进行的当下时光里，日复一日地享受着属于自己的快乐时光，这样的人生便是完美的。

两个男人的眼泪

晨昏交替，春去秋来，日子像流沙一样地滑过，不见踪影，也悄无声息。斯汤顿的四季总让安娜·玛丽不由得想起格林尼治的种种景色，她曾经无比熟悉那里的每一片山林、田野，甚至是空气的味道，而现在，她几乎就快忘记了那里的一切。一晃十多年过去，她成了5个孩子的母亲，而托马斯也不再年轻，时间真是个奇妙而又残酷的东西！

不知不觉间，安娜·玛丽和托马斯的5个孩子也渐渐地长大了，几个男孩子已经可以帮着父亲做一些简单的农活，而女孩们也能够帮母亲做一些力所能及的家务了。安娜·玛丽是在一个大家庭中长大的，她的母亲生育了10个孩子，而她也相继有了5个孩子，她觉得这像是自己对母亲的某种传承，也是一种血脉的延续。她喜欢被孩子围绕的感觉，就像小时候她喜欢和兄弟姐妹们围着自己的母亲打转一样，她感觉时光在那一瞬间仿佛在倒流。

安娜·玛丽不仅对自己的孩子极富耐心和慈爱，而且对邻居们的孩子也总是关怀备至，因而那些孩子们都很喜欢她，他们都亲切地称她为摩西妈妈。久而久之，这个称呼逐渐被人所熟知，连那些邻居家的妇人们也开始这样叫她。安娜·玛丽很喜欢这个新的称呼，因为一切与孩子相关的联系都会让她感到由衷的幸福。

　　几个孩子越来越大，家里的开支也越来越多，而且安娜·玛丽还在考虑要送孩子们去上学的事情，但是经济上的压力又让她觉得举步维艰。托马斯在农场的收入也一天不如一天，安娜·玛丽只能继续做一些手工来贴补家用，尽管如此，他们也常常入不敷出。

　　每天从农场下班回到家，托马斯都显得格外疲惫，之前他总喜欢在饭后来一杯果子酒，但是现在他显然失去了这个兴趣。现在的他很容易陷入一个人的沉思里，连孩子们哄乱的吵闹声，他都似乎没有听见。一家人生活的重担压在他的肩膀上，常常让他觉得喘不过气来。

　　安娜·玛丽比任何人都了解托马斯，也更能察觉到他最近的变化，她知道他的心事，也能体谅他的辛苦。当托马斯沉默的时候，她没有去打扰他，她希望能留给他足够的思考空间。大多时候，她会悄悄地走过去，坐在托马斯的身边，什么也不说，只是陪他静静地坐着。那些未说出口的言语，那些彼此都明白的心情，就在这静静的陪伴里得到了诉说和理解。

　　没过多久，引荐托马斯夫妇来到斯汤顿的那个老人来向他们辞行，他说他老了，需要家人的陪伴，况且他在这里的工作收入已大不如从前。安娜·玛丽和托马斯没有挽留老人，因为他们也觉得，他在这样的年纪就应该被家人陪伴，他们也不希望他一个人继续过着凄苦孤单的生活。

尽管生活已经非常艰难，但安娜·玛丽与托马斯商量后决定，要在老人离开的前一天晚上，做一顿丰盛的晚餐来为他送别。老人没有拒绝这个邀请，因为他也想好好地与他们做最后的告别，此去经年，再见恐怕是真的没有机会了。

那一天晚上，安娜·玛丽特地为老人准备了他爱喝的果子酒，托马斯陪老人喝了许多。老人没有喝醉，但托马斯却醉得很厉害，这是一个伤感的夜晚，老人哭了，托马斯也流下了眼泪。安娜·玛丽面前的这两个男人都有自己的无奈和伤心，在这离别的时刻，他们在无法掩饰的醉态里逐渐敞开了自己的真心。那些被遮盖的心事，那些被粉饰的情绪，都在这一刻土崩瓦解。

那是安娜·玛丽第一次看见托马斯在自己的面前落泪，她曾经以为他会永远都那么坚忍顽强，直到那时她才知道，即使最坚强的人也会有彷徨伤感的时刻。作为家里的顶梁柱，托马斯背负着一个七口之家的生存重担，尽管他从来没有抱怨过自己的辛苦和疲惫，但安娜·玛丽明白，他只是在拼命地逞强，只是在偷偷地将所有的苦水都往自己的肚子里咽。

安娜·玛丽从来没有后悔嫁给托马斯，即使在最艰难的时刻，她也不曾有过丝毫的悔意。因为正是这些艰难的考验，让她看清了托马斯身上的一切美好的品质，也让她更加坚定了要一辈子与他相守相依的决心。

托马斯是一个体贴的丈夫，是一个称职的父亲，也是一个能干的工人。安娜·玛丽坚信，困难只是暂时的，托马斯一定会想办法带着她和孩子们渡过难关；只要努力，他们总会创造出属于他们的美好未来。

在那个略显伤感的夜晚，安娜·玛丽听见托马斯在床的另一侧发出了沉重的叹息声，于是，她从背后温柔地拥抱了他。那个时刻，托马斯只是一动不动，没有言语，也没有反抗。他们就这样沉默了几分钟，安娜·玛丽才开口说："托马斯，不要难过，也不要感到有负担，你要相信，我们一定会有更好的生活。"

托马斯愣了半晌，没有说话，他以为在这样深的夜里，妻子一定不知道他还在偷偷地为了明天而忧虑，然而他还是没能瞒过她。托马斯一直不愿意和安娜·玛丽谈起家庭的现状，其实就是不想将她也卷入这没日没夜的担忧和烦恼中来，但事到如今，他也无法让她再置身事外了。

托马斯翻过身来，面对着自己的妻子，说道："你也不要太过担心，我会努力的。"

"那你相信我们会有一个更好的未来吗？"安娜·玛丽问他。

"嗯，我相信！"托马斯坚定地说。

"我也相信。"安娜·玛丽伸手握住丈夫的手，欣慰地笑着。

那个时刻，窗外的月光透过窗户洒落在安娜·玛丽的脸上，使她整个人都显现出一种圣洁的光辉。托马斯看着她明亮清澈的眼睛，心里的阴霾忽然间就消散了，那些沉重的情绪也在那个瞬间得到了释然。

老人离开斯汤顿以后，托马斯便承接了他原来的伐木工作。虽然托马斯之前并没有做过伐木的活，但是老人曾经告诉过他伐木的技巧，所以他也干得不错。每天上午，托马斯先去农场做一些必要的活计，到了中午他就带着干粮去林子里伐木，下午回来他便又接着去农场干活。他一个人做两份工作，虽然很累，但他觉得很是充实。

每次累得瘫倒在地上毫无力气的时候，托马斯总会想起妻子的话，想起那些他们曾经憧憬过的对未来生活的展望，于是，他觉得浑身又充满了力量，充满了干劲。从清晨到夜晚，日复一日，这些美好的向往一直支撑着托马斯，让他在无数个沮丧的时刻，都不曾想到放弃。

为了减轻托马斯的负担，安娜·玛丽在做好家务以外，总是尽量地去给别人做一些零碎的活，以赚一些小费。她帮人洗衣服、缝衣服，她帮人照看孩子，她帮人做一些蔬菜罐头……凡是可以挣钱的途径她都尝试过，她能吃苦，也能应付各种繁杂琐碎的工作。

在别人看来，托马斯一家的生活是艰难而辛苦的，夫妻两个人为了家庭的开支不停地奔波劳累，这种没有希望的苦日子似乎看不到尽头。然而，安娜·玛丽却并不这样觉得，她丝毫也不觉得疲惫，在她的内心里，身体的劳累也是让她感到愉悦，因为她认为自己的辛苦是值得的。她很高兴可以和托马斯并肩奋斗，她为自己有 5 个健康的孩子而暗自庆幸，他们一家人过着简单朴素的生活，但是他们的每一天都是快乐而充实的。

不知不觉，几年就这样过去，安娜·玛丽和托马斯努力地经营着他们的生活，他们的几个孩子也慢慢地长大了。托马斯可以带着儿子们去农场干活了，安娜·玛丽也可以让女儿们帮忙分担一些家务，夫妻俩的担子也终于减轻了一些。与此同时，托马斯经营的农场有了很大的起色，庄稼的收成也很好，这使他们的收入增加了许多。安娜·玛丽也经常带着女儿们做一些手工活，工作比之前轻松了许多，收入也不赖。

当生活回到了正常的轨道后，安娜·玛丽觉得他们现在的收入已经足够维持一家人的开支，所以她就劝托马斯辞掉了伐木的工作。她实在太心疼托马斯了，为了让她和孩子们有一个更好的生活，他拼尽了全部的力气，也耗费了太多的心血。安娜·玛丽看着托马斯一天天变老，她知道他不是被时光催老的，而是因为过度劳累而有了早衰的痕迹。

从那时起，安娜·玛丽让托马斯的生活起居有了很多改善，尤其是在饮食方面。为了让托马斯每天早上能喝一杯牛奶，她用自己积攒的钱买了一头奶牛，除了供应托马斯的营养外，剩下的牛奶都被她加工后制作成奶酪出售。安娜·玛丽制作的奶酪总是比别人的新鲜，口味也很独特，因而有很多人都慕名前来购买。

　　安娜·玛丽在出售奶酪的同时，也制作了一些炸薯片、蔬菜罐头和甜点来卖，一时间，她的生意竟出乎意料的火爆。在短短几个月的时间内，她不仅赚回了买奶牛的钱，而且也积攒了一笔可观的收入。于是，她就和托马斯商量，在斯汤顿买一片属于自己的农场。托马斯在农场的收入和她的积蓄加起来，已经足够支付一座农场的费用，很早之前，他就梦想着买一座属于自己的农场，而今梦想就在眼前，他没有理由拒绝。

　　就这样，安娜·玛丽和托马斯拥有了一座属于自己的农场，后来，他们还在农场里养了几只羊。托马斯将农场里的一切都打理得井井有条，庄稼的收成还是一如既往的好。安娜·玛丽继续做一些手工活，奶酪依旧在卖，生意也还不错。正如她曾经所期待的那样，他们在斯汤顿的生活正按照想象的样子在缓缓展开，慢慢前行。

重回故乡

买了属于自己的农场以后，因为托马斯经营有方，安娜·玛丽持家有道，他们一家在斯汤顿终于过上了富足美满的生活。从来到斯汤顿的第一天开始，她就在幻想，自己和托马斯能够在这里闯出一片天地，有一个自己的小屋，有几个可爱的孩子，而现在，她的梦想终于都一一实现了。

逢到天气晴好的时候，安娜·玛丽喜欢带着孩子们去野餐，这是他们家每周固定的一次娱乐，托马斯和孩子们都很喜欢。去野餐前，安娜·玛丽通常会在前一天晚上就准备好各种食物，为此，她总是会忙到很晚。

去野餐的时候，总是由几个儿子负责提装着食物的篮子，女儿们只需要美美地打扮好自己就行。安娜·玛丽和托马斯总是习惯走在孩子们的后边，他们互相挽着手，像年轻的情侣们一样，有说有笑，眉目里尽是对彼此满满的爱意。

安娜·玛丽以为，他们一家会一直这样快乐地在斯汤顿生活下去，直到她和托马斯慢慢变老，直到孩子们都慢慢长大。然而，托马斯却想家了，虽然他喜欢斯汤顿的一切，但是他更热爱自己的家乡。安娜·玛丽并没有对托马斯的这个想法感到太多的惊异，她太了解他了，也知道他始终没有放下过对故土的眷恋。因而当托马斯劝她和他一起回到北方的家乡时，她虽然不舍一家人在斯汤顿的安稳生活，但她最终还是毫不犹豫地答应了他。

在安娜·玛丽看来，家人在哪里，家就在哪里，她愿意为了所爱的人再一次踏上旅途，不辞辛劳，也毫无怨言。在离开斯汤顿之前，她不确定他们的未来会怎样，也不知道这一回归会对他们的生活产生怎样的影响，但是她始终坚信托马斯的选择，相信他会给她和孩子们一个完整而幸福的家。事实上，从安娜·玛丽嫁给托马斯的那一天起，她就已经将自己的心交给了他，她完完全全地信赖他。那是一场不计结果的奔赴，那是一种没有缘由的依赖，现在回头看看，安娜·玛丽庆幸自己当初做了这个正确的抉择。

1905 年，安娜·玛丽和托马斯卖掉了他们在斯汤顿的农场，然后带着几个孩子踏上了回家的路途。那是一个难忘的冬日的清晨，托马斯一家背着全部的行李，依依不舍地离开了他们在斯汤顿居住了 18 年的小屋。安娜·玛丽走在最后面，当小女儿一次又一次回过头去看他们曾经的家的时候，她轻轻抚摸女儿的头发，说："孩子，别回头了，你应该向前看！"

安娜·玛丽说完后，小女儿果然听话，不再频频回头了。然而，成功地劝说完女儿后，安娜·玛丽自己却忍不住回头又看了一眼他们曾经生活了十几年的小屋，这一刻，她发现自己竟然比想象中的还要难过。他们一家人在这里笑过、哭过，也苦苦地挣扎过，庆幸的是，他们还是凭着自己的努力过上了安稳幸福的生活。然而，现在他们却要离开了，安娜·玛丽知道，这一次离别就是永远，他们不会再回到这里来了。

院子里的那棵胡桃树一年一年地茁壮成长，经历过多年的风吹日晒，现在也早已亭亭如盖了。小屋的屋顶有些旧了，在一片灰蒙蒙的色彩里透出了几分凄伤，屋顶上空的天色凝重，乌云密集。安娜·玛丽在即将看不见小屋的一个转口停下来，她对着家的方向在心里默默地说了一声"再见"，然后就真的头也不回地离开了。

那是一场无声的告别，安娜·玛丽知道，不仅仅是她，就连托马斯和孩子们其实也都在自己的心里悄悄地和这个曾经的家说了再见。小屋是他们一家人生活了十几年的亲切的地方，这里有他们珍惜的过去，也有太多难以忘怀的回忆。这是一次没有再见的再见，尽管安娜·玛丽心里十分舍不得，但为了托马斯和孩子，她要继续向前，去奔向下一个幸福的站点。

回到家乡后，安娜·玛丽带着托马斯和孩子们暂时先住在她父母的家里。父母的家虽然不大，但是挤一挤也能凑合住下。安娜·玛丽已经离开家乡整整18年了，在这18年里，她的心里无时无刻不在牵挂着自己早已年迈的父母，这一刻的相见，她实在是已经期待太久太久了。

安娜·玛丽记得自己离开家乡的时候，父亲和母亲还很健朗，然而多年后她归来看见的却是两个发如银丝的老人。在与父母重逢见面的那一刻，她跑上前一一地拥抱了自己的父母，她的眼泪就在彼此相拥的那一刻夺眶而出，那是心酸的眼泪，也是喜悦的眼泪。

在与父母住了两个星期以后，托马斯在离安娜·玛丽父母家不远的地方，找到了一座正准备出售的农场。与安娜·玛丽商量后，托马斯立即去找卖主沟通，并在很短的时间内就买下了这座农场。这座新买的农场位于鹰桥，安娜·玛丽给农场起名为"尼波山"，源于《圣经》预言中摩西消失的那座山。

在鹰桥的农场定居下来后，安娜·玛丽和托马斯仍然像他们在斯汤顿生活时那样，他早出晚归地去农场工作，她则负责料理家务。当然，男孩们会帮父亲去农场干一些农活，女孩们则在家里帮母亲分担一些家务，对他们一家来说，归来后的生活是轻松而愉快的。

因为住得离父母比较近，安娜·玛丽总是会抽出时间去看望父母，她觉得自己是时候多陪陪他们了。在十个兄弟姐妹中，安娜·玛丽曾经是离家最远的那个孩子，她不能像他们那样在父母需要她的日子里陪在他们身边，而现在她要尽自己的一切努力来补偿年老的父母。

父亲依然爱喝果子酒，她就做了许多美味的果子酒给他带去，他尝过以后总是乐呵呵地表扬她。安娜·玛丽想起小时候的那个冬天，父亲坐在壁炉前悠闲地喝着果子酒，而小小的她因为闻到果子酒的芳香而禁不住嘴馋，当她向父亲走过去准备要果子酒喝的时候，他已经抢先一步喝光了杯子里的酒。那是多么温馨美好的童年时代啊！她每次回忆起的时候，嘴角都会情不自禁地上扬。

安娜·玛丽的母亲操劳了一辈子，即使现在老了，她也依然不肯放下手头的活。每次安娜·玛丽回来看望父母的时候，总想帮母亲做一些家务，但是母亲从来都不许她帮忙干活。于是安娜·玛丽只能偷偷地帮忙干一些活儿，但是母亲发现后，总是会心疼地埋怨她。安娜·玛丽的母亲知道女儿已经很辛苦了，因而实在不想再给她增添任何的负担和辛劳。

在母亲那里，孩子的快乐就是她们想要的快乐，孩子的幸福就是她们所期盼的最大的幸福。安娜·玛丽也是在自己成了一个母亲以后才知道，原来母亲是可以这样忘我地爱自己的孩子，原来母亲为了自己的孩子是可以舍弃一切的。每每看着母亲脸上越来越深的皱纹和逐渐深陷的眼睛，安娜·玛丽总是在心里默默祈求，希望老天让她的母亲活得再长一点，再久一点，因为她想要在接下来的每一天都尽力爱她。

1909 年 2 月，安娜·玛丽的母亲患病卧床，没过多久，就离世了。为此，安娜·玛丽伤心不已，情绪也一度非常低落。从 1905 年返回家乡到 1909 年母亲去世，在这短短的 4 年里，安娜·玛丽觉得自己还没来得及让母亲体验到自己作为一个女儿想要回馈给她的全部关爱，也没有让她体验到作为一个母亲应该享受到的真正的快乐。因为这些遗憾，安娜·玛丽对母亲的逝世感到万分悲痛，还有深深的自责。

安娜·玛丽的母亲去世后，家里的亲人们都很伤心，但是最悲痛的那个人莫过于她的父亲。她的父亲和母亲在一起生活了几十年，他们一起经历过无数的坎坷，也一起度过许多平淡而又美好的日子。然而，她的母亲最终还是先走一步，从此落单了的父亲就像深秋里的一棵老树一样，只剩下说不尽的孤独与凄凉。

日子一天一天平静地过去，冬天走了，春天终于来临。安娜·玛丽将家里的一间储物房整理出来，并在房间里添置了一张床和一些必要的家具，她想邀请父亲过来住一段时间。然而，她的父亲却拒绝了，因为他不愿意离开他和妻子一起生活了几十年的房子，哪怕一天他也不愿意。在安娜·玛丽的父亲看来，守住了这座老房子，就等于守住了他和妻子几十年的回忆，也守住了他们平凡而坚定的感情。所以，直到他最终离世，他也没有离开这座房子一步。

1909 年 6 月的一天，安娜·玛丽的父亲在一个人度过了 4 个月的孤单时光后，也追随她的母亲而去。就这样，安娜·玛丽在短短的时间内，相继失去了她最亲爱的母亲和父亲。有很多个沉默的时刻，安娜·玛丽一个人呆呆地站在厨房里发愣，她不能接受的是，自己还没来得及从母亲离世的悲痛中完全走出来，而现在，她竟然又失去了自己的父亲。这一切不幸发生得实在太突然，以至于她没有任何的心理准备，也没有足够的勇气来从容应对。

在父亲去世后不久，安娜·玛丽因为过度悲伤而一病不起。病中的那些日子，她总是会不断想起自己在格林尼治的快乐童年，想起童年时自己和父亲母亲在一起的那些美好回忆。回忆越是美好，她的悲伤就越是因此而加倍，她知道父亲母亲连同她和他们的那些曾经都将从此一去而不复返了。

托马斯为了妻子的病情显得焦虑不安，他为她请了医生，然而她还是日渐憔悴。年轻的时候，安娜·玛丽曾亲眼看着自己的几个婴孩在襁褓中夭折；中年以后，她又在几个月的时间里相继送走了自己的父母双亲，她知道生死不是她能控制的，但是她依旧无法释然。

就这样过了许多天，安娜·玛丽虽然在托马斯的监督下每天准时吃药，但是她的病情并没有得到明显的好转。有一天清晨，天色微微亮，托马斯已经早早地去了农场，安娜·玛丽觉得口渴，就自己起身去厨房倒水喝。当她来到厨房时才发现，自己的小女儿安娜正在那里偷偷哭泣，她赶紧走过去抱住她安慰起来。事后安娜·玛丽才知道，原来安娜是因为担心母亲的病情而难过伤心，她也同样害怕失去自己的母亲。

从那以后，安娜·玛丽才有了继续走下去的决心，她已经饱尝了丧失亲人的剧痛，所以她不想再让自己的孩子们在本应该快乐的日子里却沉浸在和她一样的悲伤中。此后，在托马斯的精心照料和孩子们的陪伴下，安娜·玛丽的心情一天天地好了起来，她的病情也逐渐痊愈。

经历过这一场变故后，安娜·玛丽更加珍惜自己的家人，也更加珍惜与他们一起生活的每一天。她爱托马斯，她爱自己的5个孩子，她也爱已经逝去了但会永远活在她心里的父母，她爱他们，所以她决定要从此好好生活，要快乐地度过剩下的每一个属于她的日子。

相随的真我

Chapter Three

尼波山农场的秋天

　　托马斯在经营农场方面着实有着常人无法企及的经验与能力，短短几个月的时间，他就使农场的一切事务走上了正轨。而现在，春天和夏天过去，秋天正在路上，一场盛大的收获也已经在酝酿。托马斯和安娜·玛丽相信，有些伤痛终将成为过去的回忆，他们一家在尼波山农场的生活将会有新的开始。

　　在鹰桥定居之初，托马斯一家租住的是农场附近的一处土坯农房，农房不大，只有两间卧室，托马斯夫妇一间，5 个孩子共用一间，显得很是逼仄拥挤。等到在尼波山农场安定下来以后，安娜·玛丽在母亲过世后，为了把独居的父亲接过来跟他们一起住，她曾经和托马斯商量过想买一处大一点的房子。然而，没过多久，她的父亲就去世了，买房子的事情也就被搁置下来。

　　后来，看着 5 个孩子一天天长大，安娜·玛丽觉得不能再让儿子和女儿们继续共享一间卧室了，就让托马斯去打听房子的事情。没过多久，托马斯就得到消息，说附近的一位农场主正在出售他的另一座房子，而且房子很宽敞，有三间卧室，并且还附赠一些家具。托马斯和安娜·玛丽商量后，觉得这所房子很适合，便决定拿出他们多年的积蓄买下了这栋房子。

　　搬入新家后，安娜·玛丽就一直忙个不停，她需要布置客厅、卧房，还要采买各种需要的家具，家里的一切都离不了她。在整理房间的时候，安娜·玛丽忽然想起她和托马斯结婚后刚去斯汤顿时的情景，他们在那里的新家也是她一手布置的，而今她又在为另一个新家而忙碌。在感慨时光的匆匆时，安娜·玛丽又觉得很幸福，因为她跟托马斯去斯汤顿的时候还是两个人，而今回来时却添了 5 个快要长成大人的孩子，她是多么自豪而又满足啊！

对于新家，安娜·玛丽有很多自己的设想，因而这也让她在房屋的布置上花费了许多的时间和心思。布置好了屋内的一切，安娜·玛丽又带着孩子们将院子里的杂草除去，他们在院子四周种上了山茶花和蔷薇，还在后院辟了一块地种上了几样时鲜蔬菜。就这样陆陆续续地过了一个月，安娜·玛丽终于将新家的屋里屋外收拾妥当。一切都是她预想的样子，托马斯和孩子们对此显然也很满意。

新家的院子很宽敞，安娜·玛丽就从邻居家买了几只小鸡来养。在斯汤顿的时候，她就一直想在院子里养一些鸡鸭，但因为院子太小不方便鸡群的活动而没能实现。她实在太喜欢鸡鸭们围着院子奔来跑去的场景，她觉得正是这些鸡鸭的叫声、追逐才给农居生活增添了生机和活力，少了它们，生活就仿佛少了一种活泼的色彩。

每天清晨，安娜·玛丽都会在公鸡的鸣叫声中自然醒来，她觉得鸡鸣声实在要比闹钟的铃声悦耳许多。等到小鸡逐渐长大，安娜·玛丽每天早上去给鸡群喂食的时候，总能惊喜地收获几个温暖的鸡蛋，这样，一家人的餐桌上总是少不了新鲜的鸡蛋。每天傍晚，当太阳落山后，安娜·玛丽总是会一遍遍地点数笼子里的鸡，直到她确认所有的鸡都已经归来，她才放心地关上笼门。每天用粮食喂养着那些鸡群，看着它们一点点长大，看着它们在院子里追逐觅食，不知不觉间，她觉得它们已经成了她生活中不可缺少的一部分。

天气晴朗的时候，安娜·玛丽总喜欢搬一个小凳子坐在院子里晒太阳，如果阳光太强，她就会躲在苹果树的树荫下面。那棵苹果树在他们一家搬来之前就已经存在，那时候就俨然是一棵大树的模样，而今已经亭亭如盖了。每每这时，安娜·玛丽就会不由自主地想起他们在斯汤顿的小屋的院子里的那棵胡桃树，她曾经在胡桃树下乘过凉，在胡桃树下思念过自己的故乡格林尼治，而今她在尼波山的农场想念着那棵胡桃树。

安娜·玛丽是个恋旧的人，对于往日的一切人和事，她总是舍不得忘却，也不能忘却。在斯汤顿的时候，她曾经无比思念格林尼治的家，想念家乡的人，想念家乡熟悉的风景；而今，她终于回到了家乡，但是异乡的斯汤顿还是让她满心眷恋。她怀念斯汤顿的农场，怀恋斯汤顿的小屋，怀恋斯汤顿的那些邻居们，纵然他们一家在斯汤顿的生活并不总是快乐的，但那也是属于他们的再也回不去的昨天，回忆总是珍贵的。

像小时候一样，安娜·玛丽仍然喜欢在闲来无事的时候对着天空发呆。看着天空中云彩的游弋变换，她总会想起自己走过的起起伏伏的人生，想起那些或悲或喜的点点滴滴。每当那些过去的回忆涌现在脑海的时候，安娜·玛丽在依依不舍地怀念的同时，也总在提醒自己，要珍惜现在，珍惜每一个当下的瞬间。因为这些转瞬即逝的时刻，在未来的日子里，也终将成为另一段回忆。每一个清晨，每一个夜晚，安娜·玛丽都会在心里默默祈祷，愿生命中的每一天都能不被辜负，愿时光慢一点，再慢一点。

春天到来的时候，安娜·玛丽喜欢挎着篮子去田野挖新鲜的野菜，每次出去，她总能收获满满的一篮子。在找野菜的过程中，安娜·玛丽总是慢悠悠地穿行在树林田野中，花草的香气让她沉醉，树梢上刚刚冒出来的绿芽也让她惊喜，对于自然的一切，她一直都满心热爱。

鹰桥距离格林尼治并不远，二者的自然风景在很多地方都是相似的：绵延着的坡度缓和的小山丘，沿着河谷的方向尽情伸展的无花果树林，农场四周零星点缀着的房屋，还有在牧场里慵懒踱步鸣叫着的牛羊，一切都是欣欣向荣的样子，一切都是安娜·玛丽曾经无比熟悉的景象。当初托马斯跟安娜·玛丽提议说在这里买一座农场的时候，她没有任何犹疑便答应了，就是因为鹰桥的一切与格林尼治有太多的共同点，她喜欢这里并愿意在尼波山农场度过自己的余生。

尼波山农场不是很大，但是对托马斯夫妇而言已经足够了，起码这是他们自己的农场，农场的收益也能基本维持他们一家人的生活。安娜·玛丽从来没有期待过大富大贵的生活，她一直希望的就是现在这样平淡且安稳的生活，每一天都能在微笑中醒来，每一天都能和自己的家人在一起，每一天都能做自己喜欢的事，就够了。

安娜·玛丽很喜欢去农场转一转，有时候是去给托马斯送午餐，有时候是去帮忙干些农活，即使没事的时候，她也愿意走到那里去看看。自从接手尼波山农场以后，托马斯趁空闲的时候对农场做了很多修整工作，他将老旧的原木栅栏换成了漆上白漆的篱笆树桩，他将谷仓的屋顶重新翻修，他将牲畜的棚屋清扫得干干净净，在托马斯的努力下，农场已然呈现出了一种崭新的面貌。

安娜·玛丽每次去农场，托马斯即使再忙，也会抽出时间来带她去各处看看。安娜·玛丽很喜欢跟在托马斯身后，听他兴致勃勃地对她讲农场里的一切事情，那个时刻，她觉得时光仿佛回到了他们刚认识时一样，他在说，她在听，他在靠近，她在微笑，而他们的默契也刚刚好。时光老了，他们也老了，但庆幸的是，他们的爱情还在。

接手尼波山农场以后，托马斯不仅将其翻修如新，还在牲畜棚屋旁栽了许多许多枫树。枫树刚种下的时候，只有一米多高，过了两三年，就越长越繁茂，很快就超过了棚屋的高度。最开始，安娜·玛丽和孩子们都不知道托马斯种植枫树的用意，为此，小女儿安娜还曾十分好奇地问过他。托马斯显然有他自己的盘算，但他当时没有直接告诉女儿，只是很兴奋地说："到时候你就知道啦！"

鹰桥的风在初春和严冬最是厉害，很多农场的牲畜棚都被吹翻过，但唯独托马斯的尼波山农场没有发生过这样的灾难。这个时候，那些枫树的作用就显现出来了，它们像天然的屏障一样，将强劲的风力阻挡削弱，因而农场里的牲畜棚屋才得以安然无恙。

在酷热的夏天里，托马斯常常会在炎热难耐且又十分困乏的时候，躲在枫树林的阴凉里休息片刻。那时候，微风拂过，枫叶轻响，阳光从枝叶的缝隙里漏下斑驳的影子，田野四周很安静，天空高远，云朵也很悠闲。在这样的惬意自在中，托马斯很快就忘记了劳作的疲惫，整个人都轻松了不少。

安娜·玛丽最爱尼波山农场的秋天，山林在不知不觉中染上了一层金黄的色彩，田野里弥漫着瓜果的芳香，牛羊们在牧场里啃着泛黄的枯草，在温暖的秋阳下，人和景物都笼罩在一片闪耀而略显梦幻的光影中。在做好晚餐等待托马斯和孩子们归来的空闲里，安娜·玛丽喜欢站在院子里的苹果树旁眺望尼波山农场，而那时的农场晚景简直美得让人心醉。在淡淡的暮霭中，农场的轮廓若隐若现，挺拔的枫林像一团燃烧的火焰，沿着农场篱笆树桩的方向一直延伸，像野草燎原，像晚霞凌空。

每每将目光停驻在这一片枫林之上时，安娜·玛丽的心也在那一刹那被融化了，那是一种惊心的美丽，她相信任何色彩都会在这一片如虹的灿烂里黯然失色。秋天是一个色彩斑斓的季节，也是一个收获的季节，托马斯忙于农场的劳作而总是晚归，而安娜·玛丽也习惯了在暮色里等待。在那些盼望托马斯晚归的无所事事里，安娜·玛丽最喜欢默默凝视着这一片枫林来消遣无聊的时光。在这寂静地观望中，她常常有一种冲动，想要把眼中的秋天用最绚丽的色彩一一地画下来，她急切地想要与人分享她在那个时刻所感受到的秋天独有的美丽和绚烂。那是沉默的时刻，那是欢悦的时刻，那是灵魂腾飞的时刻，安娜·玛丽无法准确地向别人描述她在那时那刻的真切感受，有时候，语言在感觉面前总是显得有些贫乏。

在安娜·玛丽看来，每个人拥有的幸福是各不相同的，正如每个地方都有其独特的风景一样。她爱格林尼治的风景，因为她曾在这里度过了一个温暖快乐的童年，想起格林尼治的四季，她就会想起那些珍贵的儿时记忆。她爱斯汤顿的风景，因为她曾经在那里挣扎过痛苦过，但最终还是过上了平淡安稳的生活，想起屋前的那棵胡桃树，她便会想起彼时的点点滴滴。她爱尼波山的风景，因为她知道这里将是她最终的永远的家，看到农场的那片枫林，她总会觉得有一种莫名的安心和愉悦。

第一幅画

时光的惊觉，记忆的幻变，最是不知不觉。定居尼波山农场后，一晃几年过去，安娜·玛丽发现托马斯已经不再年轻，而她自己也老了。在这不短不长的几年里，她的孩子们都相继结婚并有了自己的家庭，原本热闹的七口之家到如今只剩下她和托马斯两个人了。当孩子们都还在家的时候，安娜·玛丽觉得他们太过吵闹，而他们真的离开后，她又开始想念他们在家时的那种热闹，想念他们的欢声笑语。

看着孩子们都一一地离开了这个家，托马斯很舍不得，但是他知道妻子比他更加难受，不仅仅因为她是一个母亲，而且还因为她有一颗柔软而敏感的心。在忙完农场里的工作后，托马斯会尽快回家去陪伴自己的妻子，他希望自己的存在能让她感觉到哪怕一点点的安慰和温暖。

安娜·玛丽当然能够体会到托马斯的用心良苦，事实上，与托马斯在一起时，她确乎已经忘记了那些寂寞与孤独。然而，当托马斯白天去农场劳作时，她仍然还是一个人，守着空空荡荡的房子，有时莫名地发呆，有时会反反复复地走进来又走出去，不知道自己到底要做些什么才好。年轻的时候，她总觉得自己在家里有做不完的事情，但是现在当她想找一些事情来做时，却发现并没有事情可以让她来打发时间。

院子里的山茶花和蔷薇长得很茂盛，安娜·玛丽一闲下来，就喜欢给它们浇水施肥，因而它们在春天总是能争奇斗艳、临风飘香。在院子里奔跑的鸡群一如既往地喧闹，但安娜·玛丽仍嫌它们的声音太单调，后来，她又在院子里养了几只小鸭。鸡鸣鸭叫的院子里总算热闹起来，但是安娜·玛丽的心却依然是孤单的，因为她深知，孩子们给她带来的欢乐总是要胜过一切。

逢到天气晴好，子女们带着孙子来看望安娜·玛丽和托马斯时，她会带着他们一起去树林里采槭树汁。以前在斯汤顿居住时，她常常和附近的妇人们去采槭树汁，她将槭树汁熬成糖浆，一部分给自己的几个孩子做甜食，剩下的一部分拿去卖掉以贴补家用。每逢她采槭树汁回来，简直是几个孩子的庆典，他们围在厨房里看她变魔法似的将槭树汁变成浓浓的糖浆，然后等着她给他们做各种可口的甜食。

安娜·玛丽喜欢孩子们的期待，也喜欢孩子们围着她转时的那种热闹，现在热闹不再，对于和孩子们的相聚，她比任何时候都要珍惜。几个儿女都知道母亲的良苦用心，纵使他们已不再像儿时那般对槭树糖浆着迷，但是既然能让自己的孩子和母亲同时欢心，他们也欣然愿意一起分享采槭树汁的快乐。

安娜·玛丽知道孩子们都很忙，即使再想念他们，她也不愿过多地去打扰他们的生活。她也曾经组建过自己的家庭，她知道那是一件多么辛苦的事情，所以她希望自己的孩子能够花更多时间去经营他们自己的生活。正如她曾经离开自己的父母跟着托马斯去远方闯荡一样，她明白孩子长大了总要离开家，没有人能阻挡时间的流逝，也没有人能阻挡孩子成长的步伐。

安娜·玛丽对孩子有一种源自天性的眷恋，但是当孩子们长大后，她也愿意放手让他们去过自己想要的生活。对于 5 个孩子而言，她是一个慈爱的母亲，更是一个贴心的朋友。

当孩子们相继独立后，安娜·玛丽的生活从此不再以孩子为中心，她有了更多的时间来思考自己曾经走过的路和那些还未来得及展开的人生。回望过去的每一天，安娜·玛丽觉得很满足，而对于未来的每一天，她也希望自己能够继续做自己喜欢的事情，不留任何遗憾。

安娜·玛丽现在已经 50 多岁了，她的头发开始白了，脸上也有了深深浅浅的皱纹，但是她对生活仍然满怀热情，她对梦想依旧充满了期待。在慢慢变老的过程中，她学会了放下，也学会了听从自己内心的声音。

托马斯知道妻子很舍不得孩子们，所以经过一段时间的考虑，他打算卖掉农场，然后带着妻子去跟小儿子一起住。当他把这个想法告诉安娜·玛丽后，她马上拒绝了他。为此，托马斯很不解地问："自从孩子们离开后，你不是一直都不快乐吗？"

安娜·玛丽笑了笑，说："我曾经不快乐，但我现在很快乐，也很满足。"

"那你确定不想和孩子们一起生活吗？"托马斯再次问她。

"我确定。"安娜·玛丽顿了顿，"只要你一直在我身边，我就确定！"

托马斯没有再说任何话，他只是紧紧地握了握妻子的双手，希望她能明白，他有相同的心愿。无论余下的日子有多么单调无聊，他都会一直在她身边，守护着她，陪伴着她。

和托马斯相依为伴的日子里，安娜·玛丽学会了知足，也学会了专注于自己喜欢的事情。当托马斯去农场工作以后，她把大部分的时间都花在了自己的院子里，她学着为花木修剪枝叶，她学着为苹果树嫁接新的品种。鸡鸭们在安娜·玛丽的耐心饲养下逐日长大，有时候，她坐在院子里什么都不干，只是看着它们绕着篱笆走来走去，她就觉得开心。

每天早晨，安娜·玛丽在厨房里做早餐的时候，隔着厨房后面的窗户，她喜欢眺望远方的山丘、树木、河流和田野。那时候，一切景物都被笼罩在一层淡淡的薄雾里，远远看去，如梦似幻，就像童话里的缥缈仙界一样，令安娜·玛丽无限陶醉。看着这样的美景，安娜·玛丽满心激动而又找不到合适的方式来表达自己的感情，于是她经常在煮牛奶的时候，拿着小汤匙在牛奶平滑的表面画着她目之所及的那些风景。在这个过程中，她感觉到了一种前所未有的快乐，也从心底油然生出一种莫名的幸福感。

每天黄昏，安娜·玛丽坐在院子里看日落，夕阳半山的晚景曾经无数次地触动过她敏感的心弦，那动人的美丽几乎让她掉下泪来。那个时候，她就萌生了一种冲动，想要把这一幕幕美妙的瞬间都定格成永远，于是，她开始在院子的空地上画画。她找来一根枯树枝在泥土地上画出了太阳的轮廓、云朵的形状和晚霞的姿态，她用西红柿果皮为太阳添上红艳的色彩，她把土豆片削成云朵的形状，她摘下蔷薇的花瓣来补充晚霞的颜色，一幅独特且充满想象力的画作就这样诞生。那时那刻，没有任何其他的人在场，只有安娜·玛丽自己一个人，她既是作画者也是唯一的观众。

有了第一次作画的经验，渐渐地，安娜·玛丽对画画的兴趣逐日剧增。在以后的日子里，只要看到美丽的风景或是任何让她动容的事物，她便想把它们画下来，而事实上她也这样做了。她没有画具和水彩，但是这并不能难倒她，她经常用烧焦的黑木炭在一些废弃的木板上作画。因为用来画画的材料非常简陋，即使画得不好也没有任何影响，所以安娜·玛丽作画时总能无拘无束地发挥自己的想象力和创造力。

虽然安娜·玛丽对画画很感兴趣，但是她对自己的画作并没有信心，因而她从来都没有对任何人提起过画画的事情。对于那些她一时兴起而随手涂鸦的作品，她总是在自己欣赏一遍后便马上销毁了，她实在不想因为自己"拙劣"的画作而被人嘲笑。

托马斯作为妻子最为亲近的人，当然已经早早地察觉到了她的变化，这些天来，他发现她变得快乐了许多，整个人都显得容光焕发。安娜·玛丽没有告诉过他画画的事情，他也没有多问，因为他觉得她开心比什么都重要。后来，因为一个偶然的机会，托马斯在壁炉旁发现那些带着黑炭痕迹的木板，那时他才知道，原来自己的妻子爱上了画画。在托马斯看来，那些木板上的绘画非常漂亮，虽然只是用炭笔单调的黑色简单勾勒出的线条，但已经足够让他对自己的妻子刮目相看了。为了让安娜·玛丽继续做自己喜欢的事情，托马斯决定买一盒水彩送给她，他希望她能用丰富的色彩画出更多美丽的画作来。

　　1918 年，安娜·玛丽迎来了自己的 58 岁，在生日这一天，托马斯将自己偷偷买来的水彩送给了她。安娜·玛丽没料到托马斯会给自己这样一个意想不到的惊喜，为此，她曾一度红了眼眶，不知道该对他说怎样的话才好。托马斯没让妻子说任何感谢的话，因为他觉得这是他应该做的，只要她开心，他愿意做任何事。

　　就在生日当天，安娜·玛丽用托马斯为她买的水彩在壁炉的遮板上创作了她人生中的第一幅水彩画。那是她一时兴起完成的画作，画面里是她熟悉的景色，树木葱茏、枝叶繁茂，透过树与树之间的缝隙，可以看见近处的木桥、远处的河流、远山和树木，层次分明，色彩丰富。托马斯虽然不懂绘画的艺术，但是看了安娜·玛丽的画作以后，他还是被那极富感染力的画面深深吸引了，那一刻，他情不自禁地想要称赞自己心灵手巧的妻子。

在托马斯的强烈建议下，安娜·玛丽的第一幅水彩画被完好无缺地保存下来了，那块原本放在壁炉上的遮板也被立起来以更好地展现画作。这一幅画被放在客厅，引来了邻居们的好奇和围观，许多孩子也跟着大人来凑热闹，看过画后，很多人都给予了安娜·玛丽热情的鼓舞和称赞。在人们的鼓励下，安娜·玛丽对绘画的兴趣进一步加深，之后她经常会在一些折叠桌的板子上画一些风景画。

安娜·玛丽怎么也不会想到，20年后，她随手涂鸦的第一幅画作竟然会被一个叫奥托·卡里尔的艺术商看中，后来他将这幅画命名为《壁炉遮板》。安娜·玛丽成名以后，这幅《壁炉遮板》也被更多的人知晓、发掘，有人曾评价其水平之高堪比梵高。

有很多人活到58岁的年纪时，可能已经对生活失去了期待，也不再抱有任何热切的梦想，他们只是在活着，但已然不是在生活。然而，安娜·玛丽在58岁的时候却再一次获得了新的生命，在绘画的世界里，她找到了新的乐趣、新的希望。那时候，她并不知道绘画能带给自己怎样的命运，但是在画画的时候，她享受着那个过程中的专注、平静和喜悦；她并不曾期待过自己有朝一日能够借此功成名就，在她看来，她只是在做一件自己喜欢的平常的事情而已。

养鸡和画画都有意思

　　燕子窠里藏着一个春天，白发里镌刻着曾经的少年。如果有人能像安娜·玛丽那样热爱生活并乐于去发现，那么相信他们也能像她一样于生活的细微处发现这些动人的美丽和诗意。

　　安娜·玛丽常常和邻近的老妇人讨论一些关于生活的智慧，她认为生命给予人的启迪是无穷无尽的，而这一切都需要每个人自己去细致发掘。然而，当她与那些妇人们谈论这些事情时，她们却并不以为意，生活的细节对于她们来说实在是无足轻重。后来，安娜·玛丽才明白，不是每一个人都对自己的生活满怀着热情和希望，也不是每一个人都能静下来去倾听自己内心的声音。

　　既然无法用语言去沟通，安娜·玛丽便常常用画画的方式来表达自己对生活的见解和感触。她的许多画作都是在农场里完成的，那些画面大多也是一些日常生活的场景，还有一些风景画。她希望通过她的画来感染他人，并以此来唤醒他们沉睡的心灵，让他们也能认真地去思考生命的真谛。

　　下雨天的时候，安娜·玛丽经常会搬一把椅子坐在窗檐下，听着外面雨横风狂，然后就是一阵哗啦啦的雨滴打在窗户上发出清脆的响声。那时候，托马斯多半是坐在她的对面专心地修理着已经损坏多时的农具，他们互相沉默，但是心却紧紧地挨在一起。安娜·玛丽不仅喜欢下雨天，而且她还喜欢任何可以让她感受到生活的美妙的时刻，她喜欢从简单的生活里去发现那些微小的幸福。

生活的美常常就隐藏在这些不会轻易被发现的时光里，而恰恰正是这些平凡的不起眼的时刻，给漫长的人生增添了几丝可爱的生气。就像安娜·玛丽在画画的时候，总喜欢在画板上一些不容易被人注意的地方画上一些可爱的、清新的装饰，她如同一个正在与大人们玩捉迷藏的小孩一样，将自己喜欢的东西藏到了不同的地方，随后便怀着期待的心情等着大人们在某个时刻去发现那些有趣的美好的细节。

安娜·玛丽曾经说过，假如她没有成为一个画家的话，等她老了，她会去养一群鸡。在她看来，画画是和养鸡一样有意思的事情，她喜欢画画就如同她喜欢看鸡群绕着院子奔走觅食一样。在旁人看来，养鸡跟画画可远不是同一类的事情，但是安娜·玛丽并不在意形式上的差别，她在乎的是自己内心的声音，只要她真正喜欢，她就愿意去做。

自从爱上画画以后，安娜·玛丽就经常会早起去农场附近转悠，她需要不同的素材，因而就需要不断地去寻找去发现。附近的一些邻居不理解她的行为，他们认为她年纪大了，就应该在家里好好待着，而不是像现在这样漫山遍野到处溜达。安娜·玛丽也知道他们的看法，但她还是一如既往地做着自己喜欢的事情，她觉得自己开心就好，无须在意别人的眼光。

每天黄昏，安娜·玛丽会拄着拐杖沿着那些弯弯折折的田间小路，不疾不徐地走向托马斯工作的农场。她是去接即将收工的丈夫回家的，在这往返的途中，她也饱览着夕阳下醉人的景色。只要不是下雨天，她每天必会走上这一遭不算短的路程，尽管每天面对的都是同样的暮色晚景，但是她总能一次又一次地去发掘那些别人不曾注意到的美丽场景。

托马斯当然能够懂得妻子的心思，他知道她爱他，也爱那些沿途的风景。因而每当托马斯和安娜·玛丽从农场一起归家的时候，他总是愿意和她一起慢慢地欣赏那些美丽的景色，并期待她能够将那美好的画面描绘在她的画板上。

安娜·玛丽喜欢画画，但是除了托马斯买给她的那一盒水彩以外，她并没有任何专业的绘画工具。因而，她仍旧是在一些空置的木板上画画，有时候，她也会在家里的一些木质家具上作画。虽然作画的材料粗糙，但是安娜·玛丽每次作画都很认真，她不愿意浪费托马斯买给她的水彩，更不愿意草草了事而破坏了绘画时那种快乐的心情。

邻居家的孩子们都很喜欢安娜·玛丽的板画，他们经常跑到她家来看她新画的画，有时候还会带一块小木板来央求她画一些画上去。安娜·玛丽对孩子们从来都是有求必应，更何况孩子们喜欢她的画，这对她来说，比什么都重要。因而，虽然安娜·玛丽自己的几个孩子不能常常陪伴她，但是她的身边从来不缺乏孩子的身影，那些小孩子很喜欢她，只要有空就跑过来黏着她。安静作画的时候，她并不觉得孩子们叽叽喳喳的声音是一种打扰，相反的是，她倒很享受这样的时光。

安娜·玛丽的家里有一座上了年纪的颤巍巍的老时钟，那是她和托马斯在斯汤顿生活的时候买下的，而今它的表面已经锈迹斑斑，但她一直都舍不得扔掉。无所事事的时候，安娜·玛丽喜欢静静地坐在客厅里盯着那座时钟出神，在指针嘀嗒的转动声中，她会情不自禁地回忆起许多往事。当那些甜蜜的、心酸的、伤痛的记忆一起涌上心头时，她并没有太多的感慨，因为不论她在何时回头去追忆往日生活中的点点滴滴，她都没有丝毫的遗憾，她觉得自己的一生非常充实。

除了偶尔作画，安娜·玛丽还喜欢做各种口味的果酱，她制作的果酱不仅色泽鲜艳而且十分美味。那些附近的邻居们都知道她的手艺，因而常常慕名前来购买她的果酱，但安娜·玛丽常常慷慨地将果酱赠送给他们而没有收取任何报酬。在她看来，她的生活已经足够舒适安定，她没有必要以制作果酱来维持生计，如果有人真心喜欢她的果酱，她很愿意与他们共享她的甜蜜与快乐。

为此，托马斯在农场专门辟了一块地为妻子种了几样莓果，他希望等她下一次想做果酱的时候，不用再漫山遍野去寻找各种果子。他支持她做任何自己喜欢的事情，但是也知道她老了，不适合太过辛苦，他包容她，也心疼她。当托马斯告诉安娜·玛丽这个消息后，她高兴得像个孩子，之后便不停地问他："托马斯，你觉得那块田里的莓果可以供我用来做多少瓶果酱？"

托马斯笑笑："别太心急，才刚种下，等收获的时候就知道了呀！"

可安娜·玛丽并不死心，仍然继续追问："大概会是多少，你说说。"

"你想有多少就会有多少！"

托马斯看着安娜·玛丽一脸认真的模样，眼睛里的笑意也更深了，这相似的场景让他想起她第一次怀孕时曾经问过他的那些问题。那时他们刚刚在斯汤顿稳定下来，他们的第一个孩子即将要出生了，她在一个有满天晚霞的黄昏问他："托马斯，你觉得我们会有几个孩子？"

托马斯走到她身边，蹲下来轻轻抚摸着她的肚子，说："我不知道，但起码我们现在已经有一个了。"

对于这个回答，安娜·玛丽显然不太满意，于是她追问："那你觉得我们应该要生几个孩子呢？"

在妻子认真的提问下，托马斯当真思考了一会儿才说："你想生几个，我们就生几个，好不好？"

这一次轮到托马斯问她了，虽然这并不是一个真正意义上的问句，但安娜·玛丽还是在他热切的注视下，回了一声"好"，随即便有些害羞地移开了她的目光。那是一个夏日的傍晚，他们吃罢晚餐正在院子里乘凉，天边的红霞还没有完全褪去。在安娜·玛丽别过脸去看远处的暮色时，夕阳的余晖淡淡地映照着她的侧脸和浓密的睫毛，那一瞬间的安娜·玛丽美得圣洁、无瑕，以至托马斯都慌了神色，乱了心跳。

时过境迁，岁月的年轮转过了一圈又一圈，托马斯仍然忘不掉那个让他无比动情的夏日黄昏，就好像他永远也忘不掉第一次见到安娜·玛丽时的场景一样。有些回忆是久长的，有些心情是永远的，托马斯一辈子都忘不掉他们夫妻两人共同走过的那些美好时光，安娜·玛丽也忘不掉。

转眼到了秋天，托马斯之前种在农场里的那些莓果也熟透了，他还没来得及帮她摘回来，她自己就提着篮子晃悠悠地走来了。于是，他们两个人一起采摘，碰到长得特别鲜红的果子，安娜·玛丽总是会小心翼翼地摘下来送进托马斯的嘴里。安娜·玛丽喜欢做果酱，也很享受和托马斯一起采摘莓果时的快乐心情，她很高兴在做自己喜欢的事情时有托马斯陪伴左右。

将莓果采摘回家后，安娜·玛丽不顾劳累，一遍遍不厌其烦地将它们清洗干净，之后便忙着熬制果酱，她几乎没给自己留下片刻的休息时间。等果酱制作完成，她将它们一一装瓶，除了预留几瓶给自家孩子们的果酱外，她将剩下的都送给邻居们去尝鲜了。她乐于分享自己的劳动成果，也喜欢听别人在品尝过她的果酱后不由自主地发出的赞叹声，每每那时，她就觉得即使再辛苦也是值得的。就像她喜欢画画一样，做果酱也是她很感兴趣的事情。

永别亲爱的托马斯

与托马斯一起生活的几十年里，安娜·玛丽尝尽了生活的酸甜苦辣，也历经过人生的种种起伏坎坷。然而，这一路走下来，她对托马斯的爱与日俱增，因为他的存在，安娜·玛丽才会对未来毫无畏惧，她才能安心地去做自己喜欢的事情。

虽然孩子们都不在身边，但安娜·玛丽和托马斯两个人的老年生活过得很悠闲，也很自在。他们不必为孩子们的家事操心，也无须被成群的孙子们牵绊，他们把日子过得简简单单、自由自在。大儿子和小儿子都提出让他们搬过去一起住，安娜·玛丽和托马斯都拒绝了，他们已经习惯了两个人的生活，也希望余下的每一天都在彼此的陪伴中度过。

虽然已经接近70岁了，但托马斯仍然经营着尼波山农场，他每天早出晚归，干的农活一点都不比他年轻的时候少。安娜·玛丽曾经尝试着劝他放弃农场，但是托马斯并不愿意，他一辈子都在和农场打交道，即便老了，他还是想继续去农场工作。安娜·玛丽知道托马斯是个闲不住的人，更何况他的确喜欢农场的工作，所以之后她便没再劝他。

除了必要的庄稼外，托马斯还种了一些果蔬，有时也会种一些鲜花。当然，那些花都是为了妻子而种下的，他知道她喜欢各种各样的花，也喜欢将它们画在画板上。托马斯在种花之前，并没有告诉安娜·玛丽，他喜欢给她惊喜。如果她愿意的话，托马斯更喜欢将她带到农场来，他想她一定会深深爱上这一片美丽的生动的花海。

安娜·玛丽经常会被丈夫给她的惊喜感动，等到他们都老了以后，她才发现，其实托马斯是一个如此浪漫的男人。年轻的时候，他们被生活的重担压得喘不过气来，以至于他们没有太多的闲情逸致去经营两个人的感情，庆幸的是，到了老年，他们还有机会向对方表达自己的心意。

在几十年的相互扶持和默默陪伴中，安娜·玛丽和托马斯已经有了十足的默契，他们知道彼此的喜好，知道彼此的习惯，也能在一个眼神之间，就轻易猜出对方的心事。邻居家同龄的几个老人都很羡慕他们两个人的生活，他们不曾大声争吵过，也不曾高调地向这个世界宣示过他们的爱情，即便如此，旁人还是从他们平淡和谐的生活中感受到了两人之间的深情厚爱。

转眼到了圣诞节，安娜·玛丽和托马斯的几个孩子带着各自的家人前来和父母一起过节。为了应付自己几个调皮的孙辈，安娜·玛丽忙得晕头转向，但她心甘情愿，因为她喜欢所有家人聚在一起时那种热闹的氛围。当安娜·玛丽和两个女儿在厨房忙着准备节日的盛宴时，托马斯则坐在壁炉旁边一边喝着醇香的果子酒，一边和几个儿子闲聊。

　　窗外的大雪纷纷扬扬，像无数被撕碎的形状不规则的白色纸片一样在空中飘荡着、旋转着，屋外早已是雪的世界。整个村庄在此时是沉寂的，但每家的屋内却又充满了热闹、温暖和喜悦，这是鹰桥的冬天特有的景象，这是圣诞节来临时最热烈的迎接仪式。

　　傍晚时分，雪渐渐地停了，夜幕悄悄地降临。零星的灯火次第亮起，家家户户的窗户里透出朦胧而闪烁的光亮，安娜·玛丽点亮了餐桌烛台上的蜡烛，整个客厅瞬间明亮起来。两个女儿端着喷香诱人的菜肴走出厨房，几个儿媳忙着布置餐桌，安娜·玛丽负责将烫好的果子酒倒在每个人的杯子里。那是一种有节奏的忙碌，那是一场盛宴开启前的奏鸣曲，每个人的心里都在欢呼、雀跃，正如燕子期待春天一样，正如农夫期待秋收那般。

　　一切就绪后，托马斯和安娜·玛丽带着晚辈们一一就座，每个人的脸上都洋溢着节日的喜气。托马斯看着满桌的佳肴和围坐在桌边的每一个人，眼睛里的笑意越来越明显，等到一家人齐声说完"圣诞快乐"的祝福后，他便高兴地举起酒杯准备说几句新年贺词。然而，他还没来得及站起来，胸口忽然袭来一阵绞痛，让他的脸色瞬间苍白起来，面前的酒杯差点被他打翻。坐在旁边的安娜·玛丽赶紧扶住他，用手不停地帮他轻轻地抚着胸口，他的儿子和女儿们纷纷围了过来。

　　就这样过了几分钟，托马斯的脸色才渐渐恢复红润，胸口的疼痛稍稍缓解。随后，安娜·玛丽拿热毛巾帮他擦掉额头上的冷汗，并将他面前的果子酒换成了果汁。托马斯本来还坚持要喝一点酒，无奈妻子和孩子们都劝他要顾惜自己的身体，他只好作罢。托马斯在年轻时也犯过心绞痛，安娜·玛丽和几个孩子都知道，因而，虽然一家人在今晚经历了一场虚惊，但最后他们还是很尽兴地度过了一个快乐的圣诞节前夜。

圣诞节过后，托马斯的身体好转过来，为了他的健康考虑，安娜·玛丽将家中的果子酒都藏了起来，为此，托马斯非常沮丧。那一段时间是农场休耕的时节，田野里白茫茫一片，积雪还没有化，托马斯整天待在壁炉边打瞌睡，没有果子酒的陪伴，他觉得生活里的乐趣也少了一点。

日子不急不缓地走过，鹰桥的人们仍然沉浸在圣诞的节日氛围里，很少有人去留意时间的流逝，直到山林里、田野间的白雪开始一点点融化的时候，他们才惊觉，原来圣诞节早就过去了。托马斯比任何人都期待冬天赶快过去，因为农场里的一棵枫树在冬日的烈风中被吹倒了，树身搭在牲畜的棚屋上，他很担心棚屋被压垮，因而几次三番地想去移走那棵枫树，但都被妻子阻止了。

安娜·玛丽知道托马斯是个闲不住的人，也知道农场的事他都很关心，但是她更担心他的身体，不想让他在风雪天里出去受罪。托马斯被困在家里，但他的心早已飞到了农场，每天他都要站到院子里看看农场，那棵枫树仍然倾倒在棚屋顶上，就像压在他的心上一般，让他焦躁得喘不过气来。

1927 年 1 月 15 日的早上，托马斯趁安娜·玛丽在厨房做早餐的时候，偷偷地从家里跑出来去了农场。一从家里出来，托马斯就飞一般地向农场奔去，耳边的风轻轻呼啸着，农场越来越近，他的心也跟着飞了起来。

等安娜·玛丽做好早餐来叫托马斯时，才知道他不在家中，当然，她也猜到他肯定是去了农场。于是，安娜·玛丽就坐在餐桌旁等托马斯回来，在这等待的过程中，不知为何，她的内心竟然隐隐地开始不安起来。怀着这种忐忑的心情，安娜·玛丽不时地走到院子里张望，但是一直没能看到托马斯归来的身影。

就在安娜·玛丽无比焦急，准备自己去农场找托马斯的时候，她从客厅的窗户向外看到，有几个人抬着托马斯从田间小路向他们家走来，她的心里随即一沉，便赶紧迎了出去。在走向托马斯的那一段并不长的路上，安娜·玛丽觉得自己的脚像灌了铅一样沉重，她越是想走快一点，她的步子就越是迈不开。

等安娜·玛丽一步步走到托马斯的身边，她才看到他的眼睛已经闭上了，身上有一些泥巴的污迹。她轻轻地喊着托马斯的名字，但是他没有任何回应，抬着托马斯的几个男人在这时开始摇头叹息，安娜·玛丽从他们的神情里得知，她的丈夫已经永远离开了她，也永远离开了这个世界。

安娜·玛丽已经忘记了自己是怎么随着托马斯的遗体走回家

的，在这归来的路上，她一直紧紧握着他早已冰冷的手，泪水汹涌，模糊了她的视线，她的心也跟着坠入了无底的深渊。早晨的时候，托马斯还好好活着，他还如平常一样跟她说话、对她微笑，而短短一个多小时的时间，他就诀别了她。

安娜·玛丽不相信托马斯会这样突然地离开她，她跪在他身边一遍遍地呼唤他的名字，她希望他能听到她的呼喊，她希望他不要丢下她。然而，逝者已矣，再多的眼泪和哭喊也换不回托马斯的生命。因为伤心过度，安娜·玛丽曾几度晕厥过去，然而醒来后，她还是要接受托马斯已经去世的事实。

送托马斯回来的人说，他们在农场的牲畜棚屋旁发现托马斯的时候，他已经倒在地上，并且没有了呼吸和心跳。安娜·玛丽知道托马斯肯定是因为心脏病突发而死亡的，他的身体早就出现了一些症状，但那时她以为情况并不严重，连托马斯自己都以为没有大碍。然而，有时灾难的降临就是这么突然。

邻居们听说这个噩耗后，纷纷来帮安娜·玛丽料理后事，有人帮忙购置棺材，有人给他们的几个孩子送信，有人在她家中张罗。安娜·玛丽只是静静地坐在托马斯身旁，她的眼睛始终没有离开他的脸庞，她想要好好地看看他，因为这一次告别后，他们将永远不能再见。

安娜·玛丽曾经以为，托马斯会一直陪着她走下去，她以为她一定会在他之前离开这个世界，但是命运弄人，他走在了她的

前面。她在 27 岁的时候嫁给了托马斯，而在两个人一起经历了
40 年的风风雨雨、坎坎坷坷后，她在 67 岁的时候突然失去了他。
在长久的相处里，她已经习惯了生活中有他的陪伴，在孩子们相
继结婚离开家后，她对托马斯的依恋更是逐日加深，她无法想象
没有他的日子，她该怎么过下去。

　　时间是最公平的东西，同时也是最残忍的东西，它能带给人
成长，带给人领悟，带给人惊喜，也会带来不幸和伤痛。在 67
岁的年纪，失去了今生的挚爱托马斯，对安娜·玛丽而言，是时
间带给她的最残酷的考验。她曾经想象过没有托马斯的生活，尽
管她不情不愿，只是没料到这一切发生得竟是如此突然。安娜·玛
丽已经 67 岁了，她不害怕失去任何东西，却唯独害怕失去托马斯，
而现在她终究还是失去了。

送给托马斯的礼物

托马斯的葬礼办得很隆重，他的 5 个儿女在得知噩耗后，都在第一时间赶了回来。前来吊唁的人来了一拨又一拨，人来人往的客厅被杂乱的人声充斥着，还伴着哀哀的哭泣声。安娜·玛丽只是呆呆地坐在托马斯的棺材旁，她不关心谁来过谁又走了，她只想静静地陪着托马斯，只是这样简简单单地陪着他。

托马斯去世后，安娜·玛丽已经一天一夜没合眼了，儿女们都劝她去休息片刻，但是她知道自己无论如何也睡不着，所以就摇摇头拒绝了。在陪伴托马斯的最后的时光里，安娜·玛丽不断想起那些和他共同经历过的往事，记忆还很清晰，只是托马斯已经不可能坐在她身边和她一起回忆过去。安娜·玛丽甚至清楚地记得托马斯昨天对她说过的话，还有他和她开玩笑时那张生动充满活力的笑脸，而现在他就这样沉寂地躺在黑黑的棺材里面，没有言语，没有笑容，也没有呼吸。

人世和天堂的距离其实就是一步，究竟活着和死去到底哪一个更好，安娜·玛丽也无法确定，她现在唯一的希望就是祈祷托马斯可以进入天堂。托马斯是如此的善良、诚实、勤劳，与他一起生活的每一天，安娜·玛丽都是幸福的，如果真的有天堂的话，她希望他能在那里过得幸福。

托马斯的墓地是安娜·玛丽亲自挑选的，就在对面的小山坡上，从那里可以看见尼波山农场，也能看到他们的家，她知道托马斯一定会喜欢那里。他在小山坡上独自安眠，她在山的对面一个人继续生活，无论活着还是死去，他们都在彼此的视野里，他们依然是彼此的唯一。

托马斯离世一段时间后，安娜·玛丽的儿子女儿纷纷让她搬过去跟他们一起住，但她没有答应，因为她舍不得离开托马斯，她知道他也一样。每一个清晨，安娜·玛丽从睡梦中醒来，看着从窗户里透进来的天光，她总是会忍不住轻声说一句："早安，托马斯。"每一个夜晚，安娜·玛丽在临睡前也会说："晚安，托马斯。"每一个晴朗的下午，她都会带着下午茶和小点心去托马斯的墓旁坐一会儿，她喜欢喋喋不休地跟他讲一些家长里短的事情，她也喜欢在附近的田野里摘一些好看的野花放在他的墓前。每次去看托马斯，她总是要待到夜幕降临的时候才想起回家，那个时候，山间有清风吹起，一轮新月在天边若隐若现，安娜·玛丽原本有些沉重的心便在这美好的归途中轻松了许多。

尼波山农场因为无人经管，荒废了很长一段时间，安娜·玛丽找人帮忙把农场里的那几棵枫树砍了下来，并用那些木头为托马斯的坟墓做了一排栅栏，之后便把农场卖给了别人。卖掉农场后，安娜·玛丽得到了一笔不菲的收入。依靠这笔钱，她完全可以衣食无忧地度过晚年，但是她并没有独自占有，而是拿出一部分钱来帮助村里的贫困家庭。对于她来说，钱够用就行，她没有成为一个富人的野心，她只希望看到更多的人因为她的帮助而快乐、幸福。

一个人的生活很简单，有时候也会显得有些乏味，但安娜·玛丽一直在努力地让自己的日子过得充实并有意义。院子里的花草被她侍弄得繁茂而有生机，山茶花和蔷薇在春天开得格外艳丽，那棵苹果树已经长得很高；院子里的鸡鸭仍在，有的是老成员了，而有的正在安娜·玛丽的精心饲养下迅猛地成长着。如果有人想知道安娜·玛丽的独居生活过得如何，看看她的院子就够了。

安娜·玛丽还在屋后的荒地中开辟出了一小块土地，她在里面种了好几样瓜果蔬菜，每隔一段时间，她来给它们浇水施肥。久而久之，这里就变成了她的后院，闲来无事时，她会来看看蔬菜的长势，有时站在这里发一会儿呆。无论怎样，她都是欢喜的，因为在斯汤顿生活的时候，她就渴望有一块种着各种时鲜蔬菜的后院，她喜欢自给自足的田园生活，而今，她终于实现了自己的梦想。

闲暇的时候，安娜·玛丽会做一些小点心，当然，有时也会做果酱，她的手艺一直很好，很多人都喜欢吃她做的甜点。村里的小孩子经常偷偷跑来找她要糕点吃，她也很喜欢跟孩子们一起玩，托马斯走了以后，这些孩子的欢笑给了她很多温暖和快乐。与他们在一起的时候，那些潜藏在生活中的烦恼和伤痛仿佛烟消云散了，安娜·玛丽在心里一直很感谢那些孩子们的到来。

有些孩子喜欢安娜·玛丽画的那些板画，他们来她家的时候，总是不忘去观摩一阵她的画作。其实，安娜·玛丽已经很久没有画画了，托马斯买给她的那盒水彩早已用完了，而她在托马斯离世后也没有了作画的心思。然而，那些孩子们并不懂得她的心事，常常缠要她画画给他们看，她拗不过孩子们的死缠烂打，有时候也会用黑炭在院子里画一些。为此，孩子们都很高兴，而安娜·玛丽也在这断断续续的尝试中重新找到了作画的乐趣。

从此以后，每逢闲下来的时候，安娜·玛丽就会坐在院子里一个人安静地画画，那些寂然的时光便常常在她拿着黑炭的苍老的手指间流逝过去。在画画的过程中，安娜·玛丽常常回想起她和托马斯年轻时的样子，那时的他们有着年轻的身体、灿烂明媚的笑容和对未来的美好向往，尽管生活艰难，但她却感到了前所未有的幸福，那时她曾无比期望和托马斯一起守护着那份幸福，直到他们的生命尽头。然而，在67岁的时候，她在一个毫无预兆的早晨永远失去了自己的丈夫。之后，她常常在想，如果她早一点知道托马斯会离她先去，那么她还会不会因为一点小事和他闹别扭？而如今她才意识到时间的残酷和生命的无常，她想如果再给她一次机会的话，她一定会紧紧地握住幸福，她会将一切做到最好。

在与托马斯相爱的这一生中，安娜·玛丽始终是一个幸福的妻子，在他的呵护和疼爱下，她常常被包围在一种深切、安宁的情感之中。虽然这份感情有时会稍显平淡、无趣，但也正是这样一份情感的支撑，才让她在艰难而又贫困的生活中始终保持着对未来的无限憧憬。她一直相信托马斯会给她想要的生活，而事实上他也做到了。

儿子和女儿们来看安娜·玛丽时，她常常坐在壁炉边将她和托马斯之间的各种小故事讲给她的孙子和孙女听。她告诉他们托马斯是一个怎样的人，是如何带着她建立了一个新的家庭，又是怎样为了家庭的未来付出了他所有的时间和精力。有时候，她常常和邻居们坐在一起追忆托马斯，在她的讲述中，托马斯美好得就像故事中的男主角一样，让听的人忍不住着迷。在听完她的回忆后，那些围坐在一旁的人也常常情不自禁地感慨"托马斯真是一个完美的男人，更是一个好丈夫、好父亲"。

每每这个时候，安娜·玛丽就会感到无比自豪，因为她嫁给了一个优秀的好男人。她并非刻意地夸大或美化托马斯的形象，在她的心中，托马斯一直都是完美的，他就是她所描述的样子。在她还是一个羞涩的少女时，托马斯以最美好的样子出现在她的生命中，然后一晃几十年过去，他还是不离不弃地陪伴着她，在他眼中，她是美丽的；而在她眼中，他亦是优秀的。她怀念中的托马斯，是如此淳朴、善良而又温暖的一个人，他常常出现在她的脑海中，对着她微笑，就好像他从来都没有离开过她一样。

有一个晚上，安娜·玛丽梦到了托马斯，他正在他常干活的那片草地上做工，她轻轻地叫了他的名字，他抬起头来，对她很灿烂地一笑。从梦中醒来后，她仍然清晰记得他的笑容。第二天，她去集市买了一些颜料，然后坐在客厅里将梦中的场景画了下来，一笔一笔，选用的都是明亮而又温暖的颜色。这一幅画是对他们夫妻二人长达几十年的爱情的纪念，也是她想要送给托马斯的礼物，她希望他会喜欢。

安娜·玛丽已经很久没有这样快乐过了，自从托马斯离开她后，她的生活仿佛失去了方向一般，她一个人孤独地应付着那些没有滋味的日子，没有等候，也没有期待。在将近一年的生活里，她都避免穿鲜亮的衣服，也不喜欢看到太过明丽的色彩，她不想让托马斯觉得她轻易地忘记了他，而后又能继续开始一段新的生活。那个时候的安娜·玛丽被悲伤的情绪包围着，生活中的任何一个场景都能让她不由自主地想到托马斯，她的眼泪总是很容易掉落，她的心事总是很容易被人看破。

幸运的是，时间在残忍的同时也是温柔的，它让灾难突然降临在人们平静的生活里，但它也会在日复一日的流逝中悄然带走人们的悲伤。安娜·玛丽就是在时间的抚慰下一天一天地走出悲伤的阴影的，与其说是伤痛让她学会了承受，还不如说是托马斯的爱让她找到了继续生活下去的勇气。许多年后，当她老得连路都走不动的时候，她依然能够清晰地记得托马斯的模样，记得那个做梦的晚上他对她微笑时的情景。

　　无论未来怎样，至少，安娜·玛丽现在又有了开始新生活的信心，她又能拿起画笔画出她喜欢的色彩和风景，重要的是，她爱托马斯，但也学会了爱自己。

Chapter Four

痛苦和希望

第一幅刺绣

　　安娜·玛丽从未想过自己会离开鹰桥的家，她原以为自己会在这里住一辈子，她原以为自己会这样一直陪着长眠在地下的托马斯。直到 1931 年，她得知自己的小女儿被诊断患有结核病。因为担心女儿的病情，她决定前往本宁顿去照顾女儿安娜。

　　才从丈夫逝世的悲痛中走出来的安娜·玛丽没有想到，生活在给了她一个残酷的考验以后，又接着给了她第二个。在安娜·玛丽生活的那个年代，结核病是一种可怕的疾病，一旦有人被确诊，就仿佛被判了死刑。安娜·玛丽来不及悲伤，她想要做的，也是唯一能做的，就是尽自己的一切努力来挽救女儿的生命。

　　来到女儿安娜的家以后，安娜·玛丽替女儿承担起了一个家庭主妇的全部事务，同时还要抽出时间来照顾生病的女儿和她的两个孩子。这对已经 72 岁的安娜·玛丽来说，确实是个不小的挑战，庆幸的是，她喜欢挑战，她的体力也足够支撑她去迎接这样的挑战。

　　安娜·玛丽的到来对女儿来说，是一个巨大的安慰；对两个外孙来说，也是一种特别的惊喜。在女儿安娜结婚成家以后，安娜·玛丽还没有去过她的家，本宁顿距离鹰桥并不遥远，但是她一直没有抽出闲暇。那个时候，安娜·玛丽的年纪还不算太大，托马斯要忙于农场的工作，而她除了要照料他的一日三餐外，还需要做一些零碎的家务，她想过去看看自己的女儿们，但一直没有找到合适的时机。托马斯过世后，儿子女儿们也竭力邀请她跟他们一起住，但是她沉浸在自己的悲痛中，没有心情跟着孩子们过新的生活，更何况她舍不下托马斯。

女儿安娜的病是一个契机，它让安娜·玛丽终于下定决心来了，她终于能来看看自己的女儿究竟过着怎样的生活。安娜·玛丽对女儿丈夫的印象并不坏，每逢过节的时候，他总是带着安娜和孩子来看她，托马斯去世以后，他们来的次数更多。安娜的丈夫为人诚恳，话不多，自从安娜·玛丽来到他们家后，他对她很尊敬，凡事都会询问她的意见，这让她觉得欣慰。

对于两个外孙而言，安娜·玛丽的到来就像给了他们节日的恩赐一样，他们一直都很喜欢自己的外祖母，尤其喜欢外祖母做的可口饭菜。安娜·玛丽没来之前，她的两个小外孙总是在吃饭的时候不见了踪影，他们的母亲安娜总是要费力地喊好几遍他们才肯回来。自从外祖母掌勺以来，他们还没到饭点就已经规规矩矩地坐在餐桌旁伸长了脖子等待着，很显然，外祖母做的饭菜有足够的吸引力。安娜·玛丽很喜欢看着两个外孙快乐地狼吞虎咽，为此，她总是费尽心思地为他们做各种好吃的。

安娜·玛丽来到本宁顿的时候，正是农场最繁忙的时节，在这之前，女婿总是在农场和家之间来回奔波，他要按时去工作，也要照顾自己生病的妻子和两个年幼的孩子，为此，他每天都疲惫不堪，而在内心里又因为担心妻子的病情而隐隐地不安着。自从安娜·玛丽到来以后，他的负担减轻了不少，他每天只需要专心工作，而家里的一切事务都由安娜·玛丽料理，他无须再担心。

安娜的病情虽然很严重，有时会咳血，但是在母亲细心的照顾下，她的身体好转了不少，精神也振奋了许多。之前她多半是躺在床上，整天无精打采的，显得有些萎靡不振，而母亲的到来和陪伴，让她的心情渐渐好了起来。她常常在下午和母亲聊一会儿天，在淡淡的午后阳光里，她觉得很舒适也很畅快。

安娜·玛丽为了让女儿恢复健康，想尽了一切办法，她已经失去了丈夫，因而无论如何也不想再失去一个女儿。她听说当地的一种野草根可以治女儿的病，就提着篮子满山野地找，结果回来的时候才发现自己的衣服被树枝钩破，身上也有一些轻微的刮痕。安娜知道后恳求母亲不要再去，但是安娜·玛丽仍然会偷偷地提着篮子跑出去，直到最后发现这种草药对女儿的病情没有多大效果时，她才没有再去。

天气晴朗的时候，安娜·玛丽会将躺在床上的女儿扶到外面的院子里，她觉得晒晒太阳对女儿的病情总是有好处的，而且室外新鲜的空气也会对她的健康有益。每每这个时候，她的两个外孙格外开心，因为他们也为长期卧床的母亲担忧着，看到母亲能够和他们一起坐在院子里晒着太阳，他们也感觉安心多了。安娜·玛丽和女儿坐在院子里，两个外孙围着她们转圈、跳跃，她听见他们欢快的笑声，看见他们脸上，甚至女儿安娜的脸上，都堆满了笑容，那个时刻，她觉得很满足很幸福。

来本宁顿之前，安娜·玛丽没想到自己会在这里待这么长时间，她不喜欢长时间离开自己的家。然而，经过几个月，女儿安娜的病情虽然没有恶化，但也没有明显好转的迹象，这让她不得不推迟回家的计划。

秋天过去，冬天来临，纷纷扬扬的大雪下了一场又一场，农田已经休耕，牧场里的牛羊早被赶进牲口棚里。家家户户都关上门窗，壁炉里的火生起来了，人们都围坐在客厅里聊天、喝酒或者打瞌睡。在女儿安娜的客厅里，安娜·玛丽在为两个外孙织着毛线手套，安娜则卧在躺椅里和丈夫有一搭没一搭地说着话，两个外孙还是缠在外祖母的身边，有时帮她抻一抻线团，有时聚精会神地看着外祖母用苍老的手指灵巧地编织毛线，时光就在这静静的惬意里悄悄地飞驰。

转眼就到了圣诞节，有生以来，这是安娜·玛丽第一次不在自己的家里度过这个盛大的节日。然而，她并不觉得遗憾，因为她有女儿和外孙的陪伴，她从心底里觉得开心。因为女儿有病在身，安娜·玛丽自然地承担起了准备圣诞节晚餐的各项事务，更何况她喜欢待在厨房里忙忙碌碌。

安娜·玛丽在厨房里忙着准备晚餐的时候，两个小外孙会不时地跑进来打探一番，他们很好奇这次外祖母会做什么样的美食给他们，也很想提前尝尝那些闻起来就十分诱人的食物的味道。安娜·玛丽当然知道两个外孙的心思，她总是在做好一道菜以后就留下一点分给他们品尝，从他们满足的表情中，她获得了一种无法言喻的欣慰和喜悦。

在这一天，安娜的精神很好，她不仅没有在床上躺着，还一直坐在火炉边帮母亲照看正在烤制的火鸡。有时候，两个孩子跑过来跟她说话，她还会将他们分别搂在自己的腿上亲昵一阵，那个瞬间她真不像是一个病入膏肓的病人。有很多个时刻，安娜·玛丽从厨房里回过头，看见壁炉里的火光在安娜的脸上欢快地跳跃，她看到女儿的脸上有明显的笑意。于是，她一边做着饭菜，嘴角便开始不由自主地上扬。

圣诞节过后，田野里的积雪仍然没有化，有时隔一两天一场新的大雪又不期而至。在这期间，安娜·玛丽除了准备一日三餐外，没有额外的家务，然而她是个闲不住的人，长时间的空暇让她觉得有些无聊。因为无所事事，她经常在厨房和客厅之间来回奔走着，然而终归还是找不到一些事情来做，于是就又重新坐回壁炉边打瞌睡。

安娜看出了母亲的焦躁和沉闷，于是她找出了一幅刺绣画给母亲，并让她按照画上的样式绣出一幅相同的刺绣来。安娜·玛丽正因为无事可做而觉得有些空虚，女儿的提议显然很符合她的心意，于是她很高兴地接受了这个任务。

在安娜·玛丽看来，刺绣和画画有很多相似之处，它们都需要用耐心和智慧一点一点地来添置颜色、描绘场景。一开始，安娜·玛丽觉得很有信心，因为她爱好画画，所以她以为自己也能很快学会刺绣。然而，刺绣并不像画画那样自由和随意，更何况她已经上了年纪，视力也不太好，这使得她有些吃力。

女儿安娜看到母亲常常因为刺绣而熬夜，眼睛也因为过度使用而有些肿胀，于是她开始劝母亲放弃刺绣。但安娜·玛丽不是轻易就会放弃的人，她决定要做的事情，即使再艰难再辛苦，她也会咬着牙去完成。在刺绣这件事上，安娜·玛丽尤其认真，尽管她已经70多岁了，但是她并不想以年龄作为退缩的借口。

就这样过了一个星期，安娜·玛丽只要有空闲，就坐在壁炉边刺绣，她的眼睛因为长时间的疲劳而有些昏花，但是她拿着绣针的手一直都没有停。有时候绣到一半，她发现自己竟然用了错误颜色的丝线，于是不厌其烦地拆掉原来的线，然后换上新的线继续进行。两个外孙看着外祖母一副认真的模样，便好奇地跑过来问她："外祖母，这个还要多久才能绣完？"

安娜·玛丽就停下来，笑着对他们说："外祖母也不知道，等绣完的时候，你们就知道啦！"

"那能不绣完吗？"其中一个外孙问她。

安娜·玛丽摇摇头，用慈爱的语调对外孙说："嗯，我想不能，一个人做事情，不能半途而废。外祖母自己选择要做的事情，即使很困难，也要坚持把它做完。"

外孙们听后有些疑惑，但在外祖母微笑的注视下，他们似懂非懂地对着她点了点头，仿佛已经明白了她话里的深意。安静而又迟缓的时光静静流过，两个星期以后，安娜·玛丽终于完成了她的第一幅刺绣画，虽然绣得不是很好，但令她高兴的是，她在刺绣的过程中再一次挑战了自己。

安娜·玛丽时常称自己的第一幅刺绣画为糟糕的作品，但是自此以后，她竟然渐渐爱上了刺绣。在照顾女儿的闲暇时间，她继续学习刺绣，有时照着模板绣，有时按照自己的想法绣，久而久之，她已经能很熟练地完成一幅刺绣画，她的手艺还得到了很多人的称赞。

在刺绣作品得到别人的认可后，安娜·玛丽经常把自己绣好的刺绣拿到当地的市场上去卖，她知道女儿一家的生活并不宽裕，因而想帮他们赚一些钱来贴补家用。女儿安娜知道后多次劝母亲不要这么辛苦，女婿也不让她这样做，但她还是固执地坚持着。尽管安娜·玛丽常常熬夜刺绣，但她一点都不觉得辛苦，因为她喜欢刺绣，刺绣让她快乐，也让她有一种满满的成就感。

许多人还没活到70多岁，就已经开始向生活认输，他们在那些挫折、坎坷和伤痛中败下阵来，几乎丧失了继续走下去的信心和勇气；生活对于他们而言，是一种负担，是生命中不可承受之重。然而，对于已经 70 多岁的安娜·玛丽而言，即使她已经遭受过太多的苦难、不幸和波折，但她依然热爱生活，也能坦然接受生活赐予她的一切。

爱女安娜病故

在经过了一个冬天的沉寂以后，积雪终于开始融化，山林里、田野间、河流中都有冰雪融化时发出的那种细微的声响。田间的小路上间或有了行人的踪迹，村庄人家门前的狗吠声开始断断续续地响起，急性一点的农夫已经早早地前往农场去做开春农耕的准备工作。柳树的枝头冒出了零星的新芽，燕子巢中响起了雏鸟的低声叫唤，所有的一切都充满了生机和活力，所有的一切都给人一种新的热切的希望。

安娜·玛丽在天气晴朗的时候，总是劝女儿走出房间晒晒太阳，她觉得女儿的脸色太过苍白，而晒太阳无疑对她是有好处的。在女儿安静地坐着晒太阳的时候，安娜·玛丽就拿出未绣完的刺绣坐在一旁认真地绣着。安娜有时也忍不住去看母亲是怎样灵巧地用针线去绣出那些栩栩如生的图画的，但是细针在阳光的照耀下发出的光芒常常晃得她睁不开眼睛，她通常看过几眼后便赶紧收回了目光。

对于春天的到来，最高兴的要数安娜·玛丽的两个外孙，他们闷在屋子里过了一个漫长的冬天，此刻就像久困笼中的飞鸟重获自由一样，在院子里奔跑着、嬉闹着，开心得仿佛要飞起来了。安娜·玛丽在绣得有点累的时候，常常停下来看看高兴玩耍着的两个活泼的外孙，在他们闹得有些过分的时候，她会温和地制止，继而又低下头继续她的刺绣。

安娜·玛丽其实本可以不做这些伤神耗力的刺绣工作，虽然她喜欢刺绣，但是她做刺绣的真正目的还是想把刺绣画拿到市场上换一点钱。她知道女婿工作的收入只能勉强维持他们一家的生活开支，要支付女儿安娜治病的医疗费用就必须增加收入，因而安娜·玛丽只得尽自己的心力来帮他们一起分担。

安娜的胃口一直不好，安娜·玛丽想方设法地为她做各种营养美味的饭菜。安娜·玛丽看着女儿因为疾病的折磨而一天天消瘦，常常感到心疼，每每这个时候，她便觉得有些无能为力，内心里也因为痛苦而久久不能平静。在安娜·玛丽刚刚来到这里时，她是怀着充足的信心来挽救女儿的，然而，时至今日，眼看时间一天天流逝，她却没能在女儿的身上看到康复的迹象，这让她感到深深的沮丧，还有一些愧疚和自责。安娜·玛丽没有过多的期待，她唯一希望的就是自己的儿女能够健健康康、快快乐乐。自从托马斯过世后，她的这个希望就愈加强烈，她老了，已承载不起太多的悲伤。

尽管安娜·玛丽为了女儿的病操碎了心，但是女儿的病情没有好转，而且一天天严重起来。在这期间，安娜·玛丽把大夫接到家里为女儿看过好几次病，她也经常奔波于医院和家的路途中，然而，女儿在吃了大夫开的药后，病情仍然没有太大的起色。在此之后，安娜·玛丽每天在女儿的房间打扫时，总会在她的床边发现一些咳血的痕迹。这些斑斑点点的血痕让安娜·玛丽慌了心神，虽然她之前也看到过女儿咳血，但那都是很轻微的症状，而且次数极少。再进房间的时候，安娜·玛丽便不敢再看女儿那略显哀伤的眼睛，因为她怕自己会忍不住在女儿面前掉下泪来。

安娜·玛丽将女儿的病情告诉给女婿，他听完后眉头便紧紧地蹙了起来，满是痛苦的眼睛里噙满了泪水，她想安慰他，却发现找不到合适的语言。那是一个黢黑的没有月亮的夜晚，安娜·玛丽和女婿坐在客厅里陷入了揪心的沉默，两个不知世事的外孙还在院子里疯跑着互相追逐，这让安娜·玛丽隐隐地为他们担忧着；因为她不知道，一旦他们的母亲离开人世，这两个可怜的外孙将会如何伤心，而之后又将怎样过着没有母亲呵护的生活。

大夫最后一次来诊断后，安娜·玛丽没有再去请他来，因为大夫临走时断定安娜已经时日无多，而他对此束手无策。在离世前的最后几天，安娜不停地冒着冷汗，她的嘴唇像脸一样苍白，吐血的次数越来越频繁，而且每次都吐得很厉害。

安娜·玛丽只能频繁更换热毛巾为女儿擦拭身体，她用毛巾轻轻地拂过她的额头、脸颊，听着女儿孱弱的艰难的呼吸，她的心都碎了。然而，没有办法，除了尽可能地减轻女儿的痛苦，她实在找不到别的办法。在这种时刻，安娜·玛丽只能一遍遍地在心里默默喊着托马斯的名字，她希望他能够在天堂保佑他们的女儿渡过这个生死难关。然而，这并没有任何作用，尽管她想尽了一切办法来试图挽救女儿的生命，但是病魔无情，它终于还是在一个安静的黄昏夺走了安娜年轻的生命。

安娜去世的时候很安详，她对坐在一旁守护着她的安娜·玛丽微笑着叫了一声"妈妈"，然后缓缓地闭上了自己的双眼。安娜·玛丽在女儿闭上双眼以后，待了几秒钟，扑到床上紧紧地搂住了女儿，她知道她已经走了，尽管她是那么舍不得。在那一瞬间，安娜·玛丽的脑海里忽然晃过安娜小时候的样子，她依然在微笑，只是在那模糊的画面中她一步步后退着，然后转身走远了。

在女儿安娜刚逝世的那几天，安娜·玛丽常常愕然地在沉默中思索，她不明白为什么自己那么努力地想要留住女儿，最终却只能眼睁睁地看着她离开。安娜·玛丽感到很颓废，在看到女儿留下的两个可怜的孩子时，她深感上天的不公平，因为她觉得上天在夺走安娜生命的同时，也夺走了这两个孩子的母爱，为此，他们将会遗憾一生。

女儿的死让安娜·玛丽的情绪异常低落，在那一段悲痛的时光里，她的内心总是藏着一些隐约的莫名的不安和担忧。每天的日落会让她黯然神伤，天空中间或飞过的鸟群会让她感触满怀，就连别人偶尔的一个无心的笑话，都有可能触动她敏感的神经，让她情不自禁地落泪。她觉得这个美好的世界正在悄悄地离她远去，她觉得自己珍爱的每一个美好的时刻，还有她最亲爱的家人，都在不可挽留地与她渐行渐远。

安娜过世后，她的丈夫也一蹶不振，整天坐在客厅里喝着闷酒，有时候喝着喝着，眼泪忽然就流了下来。安娜的两个孩子也不追逐不嬉闹了，他们可怜巴巴地坐在餐桌旁边，跟着父亲一起流下了伤心的眼泪。因为连日来的疲累和悲伤，安娜·玛丽也病倒了，剩下的几个儿女在闻讯后纷纷赶来，他们围坐在母亲的床前，为安娜的死感到伤心，也为母亲的病感到忧虑。

在安娜的葬礼结束以后，小儿子休原想把母亲接回去跟他们一家住在一起，但是安娜·玛丽看着两个可怜的外孙，不忍心离开，最后她决定留下来照顾两个外孙一段时间。虽然小儿子休很坚持，但是安娜·玛丽比儿子更固执，休最终还是妥协了。

虽然安娜·玛丽因为爱女的去世而满心伤痛，但这已经不是她第一次经受这样的打击和悲痛了，她默默地承受着一切，而后仍然坚强地生活着。她知道安娜肯定放心不下自己的两个孩子，因而在女儿离世以后，她将自己的关怀连同女儿的爱一起都给予了她的两个外孙，她希望他们仍然可以拥有一个幸福的家。

在本宁顿居住期间，安娜·玛丽仍然坚持刺绣，一方面，她想通过出售刺绣画来帮助女婿减轻家庭负担；另一方面，她想要自己忙碌一些，这样她就不用反复地去想女儿已经离世的事实。女婿本来不同意安娜·玛丽这样拼命地做刺绣活，但她依然固执地做着，因为她想要两个外孙生活得好一些，她想让女儿能够没有任何牵挂。

安娜·玛丽经常用卖刺绣换来的钱为两个外孙买各种好吃的，每次看到他们对她露出灿烂的笑脸，她便觉得无限安慰。每隔一段时间，她会带着两个外孙到墓地看故去的安娜，她不能忘记自己亲爱的女儿，她也希望两个外孙在未来久长的时光里能够深深地记住他们的母亲。

在女儿去世几个月后，安娜·玛丽回过鹰桥的家，那一次，她卖掉了家里的一些家具，简单地处理了一下自己的家事。临走的时候，她去对面山坡上托马斯的墓地坐了很久，给他带去了他生前最爱喝的果子酒。在落日黄昏的悲凉里，她向托马斯讲述了最近发生的事，她告诉他，他们的女儿安娜已经过世，她说她很想他，然后，她的眼泪便悄然落下。在本宁顿的时候，她总是偷偷地将自己的眼泪咽下，她怕两个外孙子看到，而现在，在托马斯的面前，她所有的坚强和勇敢都在顷刻间崩溃瓦解，她只想在他的墓前痛快地哭一哭。

从鹰桥回到本宁顿的那天，安娜·玛丽走到村口就看见了正在等待自己的两个外孙，他们一看见她的身影，就快乐地张开双臂飞奔而来。在伸手抱住两个外孙的那一刹那，安娜·玛丽激动得眼泪都差点落了下来，不是因为悲伤，而是因为再见的喜悦。那一刻，她就在心里默默地想，要是女儿安娜能够看到这个画面该有多好！

　　等安娜·玛丽和两个外孙回到家中，她发现女婿竟然早早从农场回来了，餐桌上已经摆好了不算丰盛但冒着热气的饭菜。女婿尴尬地搓着手对她笑着，他很少做饭，但是为了迎接她的归来，他还是硬着头皮做了。在一段不长不短的相处时间里，安娜·玛丽已经把他当成了自己的儿子，而他也早在心里把她看作了自己的母亲。这一次短暂的别离，让他们学会了珍惜，让他们知道原来彼此在对方的心里是那么重要，也让他们感受到了家人之间那种无言的爱。

画画带来的希望

看过本宁顿美丽的夕阳晚照，也感受过大雨滂沱时的满路泥泞，安娜·玛丽已经习惯了这里的一切，她喜欢这个小村庄的晨曦，也爱这里的黄昏。在本宁顿生活了 3 年之久，安娜·玛丽早已对村庄里的一切熟稔在心，她知道田野间曲曲弯弯的每一条小路的尽头在何处，也知道村子里的每一户人家的详细境况。村里的人们对安娜·玛丽很尊敬，小孩子们总是愿意围绕在她的身边，只要有她在的地方，就有数不尽的欢乐。

逢到天气晴好的下午，安娜·玛丽喜欢坐在院子里制作刺绣画，她的两个外孙则喜欢蹲在旁边看她一针一线地完成一幅画。那时候，周遭的一切都很安静，安娜·玛丽几乎能听见两个外孙均匀的浅浅的呼吸声。近处丛林里的鸟雀似乎想打破这种安静的氛围，偶尔也会啼叫几声，然而不久后一切又归于宁静。自从学会刺绣后，安娜·玛丽就没有停止过，她总是趁着空闲的时间制作出一幅又一幅的刺绣画。因为安娜·玛丽极具耐心且心灵手巧，因而，她的刺绣画在农贸市场上总是格外抢手，很多人都愿意出高价来买她的作品。

如果可能的话，安娜·玛丽愿意一直坚持，她喜欢刺绣，而且卖刺绣的钱能让她的两个外孙生活得更好一些。然而，作为一个70多岁的老人，她的身体状况越来越差，长期的劳累让她的关节炎越来越严重；尽管她不愿放弃刺绣，但是因为关节炎日益加重，她的手已经拿不稳针线，最后她不得不停止。

关节炎发作后，安娜·玛丽曾一度卧病在床，不能做任何事情。没过几天，安娜·玛丽的小儿子休便将她接到他的家中去养病，病愈后，她便留下来与儿子、儿媳和他们的孩子一起生活。小儿子休和儿媳多萝西对安娜·玛丽很孝敬，自母亲来到他们家以后，他们从来没有让她干过任何家务，甚至连打扫这样的小事也尽量不让她来做。安娜·玛丽每天除了陪陪孙子们，大部分时间都是空闲的，这对于一辈子都在不停忙碌着的她而言，是一种折磨。在那段日子里，安娜·玛丽总会不时地想起农场上方的天空那独特的耀眼的蓝色，尽管身边也有家人的陪伴，但她仍然觉得难以习惯。

当安娜·玛丽因为关节炎而不能刺绣后，有一个冬日的傍晚，她抱着一个小小的暖炉无所事事地坐在家中，透过窗户，她看到了远处的天空和原野，落日黄昏的美景忽然让她想到了她曾经的那些梦想。那一刻，安娜·玛丽的心中忽然有了许多的触动，她觉得既然在现实生活中无法实现自己的梦想，就像她无法留住这转瞬即逝的落日晚景一样，那她何不将它们画下来呢？这样，即使不会永恒的事物，她也能用她的想象和画笔将它们一一呈现出来，并将它们长长久久地留存在这个世界上和人们心中。

过了一段时间，安娜·玛丽的妹妹克里斯提亚有一天来看她，她便将自己的烦恼告诉给了妹妹。克里斯提亚知道姐姐曾经热衷画画，于是她建议安娜·玛丽用画画来代替刺绣，安娜·玛丽听后欣然接受。

就这样，安娜·玛丽拿起了画笔开始画画，最初的几天，她不知道画些什么才好，因而落笔时，她总是有点犹疑不决。但是，过了几天，她就找到了灵感，她将自己曾经梦想过的一切都描绘在了自己的画板上，画面质朴，但却清丽感人。

最开始的时候，安娜·玛丽对自己的画作并没有足够的自信，她常常将自己的画收起来藏在柜子里，因而很少有人能够看到。直到有一天，她的孙子从柜子里翻出她画的那些画，并将它们贴在客厅的墙上，人们才有机会看见并纷纷赞叹她在绘画上的天赋和才能，他们没有想到这个默默无闻的老太太竟然能够画得这么好。

获得了人们的认可和鼓励后，安娜·玛丽在画画上更加努力，也更加用心，在画画的时候，她几乎可以忘记周遭的一切。自此以后，安娜·玛丽每天都坚持不懈地画画，那些看似平常的景致和事物，一旦出现在她的画板中，就会呈现出一种别样的美丽和意境。她画院子里努力生长的花草，画屋后的那片荒林，画屋前的那一片无花果树林，画那条蜿蜒不断、不知流向何方的河流，画干净澄澈的天空，也画孩子们纯真可爱的笑脸，所有的一切，在她灵巧的画笔下，都显得生动而细致，朴素而清新。

在安娜·玛丽的画中，她少女时期曾经无数次梦想过的裙子、书房和家具都一一出现了。在作画的过程中，安娜·玛丽常常会产生一种错觉，这些曾经只在她的想象中存在的事物，一旦被呈现在画板上，仿佛是真的在她的生命中出现过一样，有了一种真实的存在感。

自安娜·玛丽重新拿起画笔以后，她的生活因此充实了许多，心情也舒畅了不少。在丈夫和女儿相继去世后，安娜·玛丽也曾怀疑过生活的意义，她感觉到自己在一天天地变老，而与此同时，那些她深爱的家人也在悄悄地离开她，她知道生命中遇到的每一个人终究是要离别的，只是她没有想到时间的流逝竟是如此不知不觉。她也曾因为亲人的去世和命运的坎坷而一度十分沮丧，但是悲伤过后，她仍然选择继续热爱生活，选择追寻自己的梦想，去实现人生的真正价值。庆幸的是，经历过一番挣扎和痛楚后，安娜·玛丽还是在画画中找到了生活的安慰和乐趣，并最终实现了自己的梦想。

在画画的同时，安娜·玛丽依然像年轻时那样热衷于做各种果酱。在鹰桥当地的农贸市场上，安娜·玛丽经常将她的画作和果酱摆在一起。她的果酱每次都被人哄抢，她的画却很少有人问津。虽然画和果酱都是安娜·玛丽的得意作品，但是比起果酱，她更希望有人能喜欢她的画，因为在画画这件事上，她想要得到更多人的认可。

虽然安娜·玛丽的画作没有在当地的农贸市场上掀起购买的热潮，但是也有一些居民喜欢她画的那些风景画，因而每次去农贸市场，她总能卖出几幅。安娜·玛丽用卖画赚来的钱，为自己购置了一些画笔和颜料，也为家人们买了小礼物。看着家人们收到礼物时那种高兴的神情，安娜·玛丽满心愉悦，那一刻，她觉得自己之前所有的努力和辛苦都是值得的，也觉得自己是一个十分富有的人。这种富有，并不意味着她拥有多少财富，而是她觉得生活给予了她太多太多值得珍惜的感情。

安娜·玛丽经常将家人画到她的画中，在她的画中，他们总是以平淡、幸福的模样出现。在与家人长久相伴的岁月中，安娜·玛丽记住了他们每一个人最惯常的表情，因而在她的画作中，他们总是很容易被人认出来，也在不知不觉间成为她家庭场景画的一个特色。

艺术的灵感源于生活，只有经过生活历练的艺术才是最感人的，也才能因此而拥有持久的生命力。安娜·玛丽的画描绘的都是她经历过或看到过的生活场景，那些关于生活的细节常常能够打动人们的心，也能够引起人们的感触和共鸣。就连她最擅长的风景画也大多是取材于她生活过的乡村，那些独具特色的乡间美景总是能唤起人们心灵深处最美好的情感，让人为之动容。因而，她的画作后来能够得到许多人的青睐，甚至在她去世多年后，她的画作仍然能被很多人喜爱乃至推崇。

安娜·玛丽因为画画而对生活有了新的希望，也重拾了生活的信心，因而，在此后的岁月中，她不曾感到迷茫，也不曾失望过。长久以来，安娜·玛丽觉得自己的富有便是拥有自己所爱的那些人和事，但是到后来她才明白，人生的真正财富是不放弃希望。

到了安娜·玛丽这个年纪，许多人都已经丧失了追求梦想的勇气，有的甚至对生活失去了信心。然而，安娜·玛丽在接近80岁的高龄，仍然满怀着对生活的热望，也保持着对画画的热爱。正是因为这份执着和坚持，她才能在年老时仍然选择勇往直前，对自己的生活充满了热爱，并能够继续追求心中的梦想。

有很多人，甚至是安娜·玛丽自己都不曾想到，这样一个平凡无奇的她竟然在绘画上有着如此出众的才能。那个时候，安娜·玛丽还没有因为画画而一鸣惊人，但是已经有很多人知道她，并为她在画画上的努力而深深折服。在她的画还没有为她带来名望时，安娜·玛丽的乐观开朗和敢于追梦的精神就让许多人对她刮目相看了。实际上，在安娜·玛丽拿起画笔的那一刻，她就已经战胜了自己，也获得了某种意义上的成功。

做热爱的事是多么幸福

因为热爱画画，安娜·玛丽被鹰桥镇的人们所熟知，很多人甚至专门来拜访这个接近 80 岁高龄的老太太。然而，安娜·玛丽深知，人们赞赏她、称颂她，并不是因为她的画，而是因为对她在 70 多岁时开始画画的这段经历充满了好奇。在人们争相追捧的喝彩声中，她并没有因此而感到丝毫的高兴，因为她希望人们是因为她的画而喜欢她，而不是因为她个人的经历和故事而关注她的画。

虽然开始得晚，但安娜·玛丽知道自己尚有大把的时光和机会去完成梦想，她相信天道酬勤，也相信"东隅已逝，桑榆非晚"。在画画这件事情上，就像热衷于做各种口味的果酱一样，安娜·玛丽总是格外用心。很多人不理解她在画画上的固执与坚持，但只有她自己明白，做一件自己热爱的事是多么幸福的体验与经历。

在画画的时候，安娜·玛丽的脑海里浮现的都是她这一生所经历过的往事，零碎而又平凡。在这如烟的往事里，她总是喜欢回想起自己的丈夫、女儿以及所有已经逝去的亲人们，在她的回忆里，他们鲜活地存在着，真实而又亲切。等她将他们一一画进她的画中时，她清楚地感觉到，他们并未离开她，而是以另一种方式陪伴着她，鼓励着她。这时，安娜·玛丽总在心中默默地感谢人生，也感谢命运所给予她的一切，无论酸甜苦辣，她始终能坦然接受，并能够笑着去走完自己未竟的一生了。

安娜·玛丽非常珍惜自己生命中的每一个人，在她看来，每一个人的出现和来到，都是缘分，都是上天的眷顾。她珍惜那些缘分，也珍惜自己和每一个相遇的人的情谊，在她的画中，他们总是以美好的形象呈现，这便是她对他们最好的怀念。不仅如此，即使是对自己用过的一个碗碟、一个笔记本，安娜·玛丽都会尽可能完好地去保存它们，因为它们曾是她生命中某一时刻的见证。看到这些物件时，她便会想起那段相应的时光，想起自己曾经的种种经历。

在对每一个人、每一段情感甚至每一个物件都心存珍惜时，安娜·玛丽也清楚地知道，没有什么是能够永久陪伴她的，正如亲人会离去，物品会损坏一样，时间终会带走一切。有一次，安娜·玛丽在擦拭自己年轻时最喜欢用的一个杯子的时候，一不小心将杯子失手打碎，当她看着那满地的碎片时，她知道这个杯子已经永远离开了她。然而，后来有一次画画时，安娜·玛丽想要画一个杯子，她的脑海中便马上浮现出了那个碎掉的杯子的影像，于是她就将它的样子画到了画纸上。那一刻，安娜·玛丽突然懂得，原来生命中的任何东西，只要曾被珍视过，那么即使时过境迁、旧物不再，但与之相关的记忆却会永远存在。

安娜·玛丽的小儿子休知道母亲喜欢画画，于是就在家中专门收拾出一间屋子，以供她画画之用。那时候，安娜·玛丽的关节炎已经有了明显的好转，但是仍然不能随意走动，因而画画在闲暇无聊时给了她无尽的安慰和愉悦。以前她画画时，总是一个人偷偷地躲在房间里，画完后也喜欢将那些画藏起来，但现在她每画出一幅新画，都要首先给家人们看看。当家人们因为她的画而喜笑颜开时，她的心里就充满了感动，也充满了喜悦。画画给了安娜·玛丽自己都意想不到的自信，也让她的生活越来越丰富多彩，此时的她也早已不再是彼时的那个她了。

画画给了安娜·玛丽全新的感受，自从开始画画以来，她感觉自己对生活中的一切都很满意，任何时刻她都觉得非常幸福。在悄然不觉的时光流逝里，安娜·玛丽察觉到自己的身体一天天地在老迈，行动起来也越来越不自如，但是她并未因此而有过任何的伤感或沮丧，因为画画给了她一颗年轻的心，身体可以老去，但她的心将永远是青春状态。她很享受这样的生命时刻，可以尽情地做自己喜欢的事情，不以己悲，也不以物喜，只安然沉浸于画中的世界。

有的时候，安娜·玛丽一边作画，一边想着以前的种种趣事，每到动情留恋处，她总在脑海里默默构思着这些美好的画面，随即用画笔将这些永恒的瞬间定格在画纸上。当安娜·玛丽看着自己脑海中的画面跃然现于画纸上的那一刻，她总是会不自觉地出神，那个时候，她感觉到自己的嘴角也情不自禁地上扬了。

想象给了安娜·玛丽极大的乐趣，在想象的国度里，她就像个天真幸福的小孩子，沉浸在画中的世界，难以自拔。她越来越迷恋画板上她所描绘的那个缤纷的世界，在那个世界里，她可以尽情地想象，随意地挥洒色彩，还可以让一些不可能出现在真实世界里的事物在她的画中呈现。即便她无法用眼睛去捕捉所有的画面和色彩，但她的脑海里早已经有无数个画面等着她去描绘，她不用紧紧盯着这个世界观察，因为世界早已经印刻在她的心里。

有一个宁静的午后，安娜·玛丽坐在房间里，窗户向外敞开着，忽然窗外吹进一阵暖暖的和风，还带着微微的花香。安娜·玛丽闭着眼睛静静地感受着微风和花香，在清风拂过她脸庞的时候，她的脑海里忽然闪现出春天的盎然景色。于是，她走到画板前，用浅浅的蓝色画出了这阵风，还有整个春天，她希望看到这幅画的人们，即使不能感受到她所能感受到的春天的气息，但至少能感受到她在作画时的那种愉悦的心情。

画画不仅让安娜·玛丽收获了巨大的快乐，同时也让她身边的人感受到了画的魅力，并因此而变得幸福快乐。安娜·玛丽不仅作自己心中所想的画，而且也经常为家人们作画，他们为她的画而感到无尽的欢乐和喜悦。安娜·玛丽总是以积极乐观的态度来构思她的画面，在她的画中，人们总是能看到希望，感到幸福。

有一天，安娜·玛丽在作画时，她的小孙女跑了过来，有些伤心地告诉她，自己最喜欢的玩具丢了。安娜·玛丽随即放下画笔，陪着孙女到处去找她的玩具，她们找了很多地方，但是一直都没有找到。为此，小孙女一整天都很难过，安娜·玛丽知道那是孙女最喜爱的玩具，因而想尽了一切办法来安慰她。后来，小孙女被她哄得睡着了，安娜·玛丽走到自己的画室，继续画画。在画画的途中，她忽然想到可以把孙女的玩具画出来供她留恋，于是安娜·玛丽就在画板上画下了小孙女抱着心爱的玩具玩耍的画面。第二天早上，她将画好的画拿到小孙女的房间，小孙女看后高兴极了，仿佛那丢失的玩具被重新找回来了。

没过几天，小孙女的玩具又被找到了，但是对于安娜·玛丽专门为她画的那幅画，她依然满心喜爱，平时没事的时候，也总喜欢将那幅画拿出来看看。后来，小孙女又弄丢了玩具，而且再也没有找到，但安娜·玛丽给她画的那幅画始终挂在她的床头，成了她每晚临睡前都要看一看的宝贝。

在画画的时候，安娜·玛丽似乎能从笔尖感受到生命的流淌，那些静静的时光随着年华一起消逝，也让她的人生变得厚重，变得丰富。在那些握着画笔专心作画的时刻，安娜·玛丽真切地感受到自己还实实在在地活着，也还在做一些自己能够做并值得去做的事情。

在安娜·玛丽看来，人的一生过得凄凉还是热烈，都是可以选择的，就像她每次画画时选择用什么颜料一样，当选择了明亮的色彩时，人生便如同天边彩虹一般美丽；但如果选择了暗沉的颜色，那么人生也会变得晦暗不堪。许多人不知道该怎样抉择自己的人生，那是因为他们并不知道自己真正想要的是什么，但安娜·玛丽却一直知道自己的心意。

在安娜·玛丽因作画而出名后，很多人都不解地问她为何不早些开始画画，为何要让年少的那些时光白白流逝。安娜·玛丽笑着说，在她生命中的每一个阶段，她都在做自己认为应该做的事情，做这些事情让她感到快乐，也让她的人生为之充实。历经了几十年的人生风雨，安娜·玛丽发现生命中的那些快乐，其实都是自己给予、自己争取的。没有谁能够担保谁的人生，也没有谁能够决定谁的将来，只有自己做主的人生，才最牢靠。

画画的时候，周遭的环境都很安静，安娜·玛丽便常常在这样的寂静里想起自己所走过的大半个人生。她的一生从未离开过农场，对于外面的世界，她很少接触过，也知之甚少。但是，她从来都不觉得遗憾，于她而言，那些光怪陆离的人生和场面，是遥远而陌生的，她虽然满心好奇，却并不曾渴望拥有。

在这个平凡的世界中，努力生活，做最真实的自己，在太阳和月亮轮回升起和落下中感悟生命的重量，感受生活的热度，便是最大的幸福。或许很多人的人生永远也不可能像安娜·玛丽那样，在生命的尾巴上再次跳跃出一个完美的高度，但纵使平平淡淡的人生，也可以因为坚持自己的选择而喜悦，而幸福。

人生没有秘诀

草木易凋，年华如梦。人生匆匆，转瞬即逝，如果想把每一天都过得充实而丰富，那么就需要足够的努力。安娜·玛丽知道生命就像一条不断向前的河流，她只有乘风破浪、无畏前行，才能让自己的灵魂之舟成功地驶向她期待已久的那个彼岸。

在安娜·玛丽20多岁的时候，也曾畅想过自己的未来，那时候，她觉得未来还是一个太过遥远的字眼，一切都还来得及。然而，白驹过隙，时光荏苒，昨天转眼就变成了今天，今天又倏忽变成了明天，弹指之间，一生便匆匆结束了。安娜·玛丽知道生命的步伐无可阻挡，也知道自己每向前一步，便离死亡又近了一步。她并不惧怕死亡，只是担心在自己靠近死亡的那一刻，她人生中曾经所期待的那些梦想还未实现。

当安娜·玛丽还是个年轻的女孩子的时候，她还不觉得时间的流逝竟是如此残酷。等到她活到接近80岁的年纪时，她回头望去，才察觉到光阴的流转远比她想象的要快，她此前甚至都没想到自己已经活到了儿孙满堂、白发苍苍的年纪。回望自己过去度过的每一个日子，安娜·玛丽不禁满心感慨，时间带走了她的青春，也丰富了她的生命，因为努力过并且一直在努力，她并不觉得有任何遗憾。

有一个清晨，安娜·玛丽在房间里梳头的时候，她的小曾孙女忽然从门外走进来，好奇地看着她的满头白发。等安娜·玛丽梳到一半的时候，她那天真无邪的小曾孙女忽然蹲下来，捡起地上的几根发丝，问道："曾祖母，为什么您的头发都是银白色的，而我的头发却是金黄色的呢？"

安娜·玛丽对着小曾孙女慈爱地笑笑，然后回答说："因为曾祖母老了，而你还是个花骨朵啊！"

小曾孙女似懂非懂地点点头，但是她的眼睛仍然盯着曾祖母的一头白发出神地看着。安娜·玛丽看着眼前这个天真无邪的小女孩儿，忽然想起了几十年前还是一个小孩子的自己。那个时候，她也如小曾孙女这般，眼神清澈，声音稚嫩，对一切事物都充满了好奇，对这个世界也怀着半知半解的懵懂想象。一路走来，安娜·玛丽未曾浪费过生命中的哪怕一天的时间，在她看来，活着就该好好地活，努力地活，只有这样的人生才是有意义的，也才能让自己在年老时不去后悔曾经的年少时光。

时光染白了安娜·玛丽的发丝，让她的脊背变得佝偻，也让她的视力逐渐模糊，但与此同时，时光也赠予了她丰富的一生，让她生育了几个可爱的孩子，给了她一份对绘画的热爱，也让她在生命的最后时光中，描绘出了她那简单却又不平凡的一生。

安娜·玛丽常常听到有人抱怨："为什么命运总是对我如此不公平，而对他人却满是眷顾？""我的生活为什么总是没有新的起色，但我已经足够努力了。""为什么别人能够得到那些恩惠，而我却一无所有！"如此种种，安娜·玛丽已不止听到过一次，同时也曾这样劝过那些怨念之人："别人所得到的未必是我们自己真的需要的，而我们所拥有的东西，有可能却是别人所期望的。"

对于安娜·玛丽而言，她的人生没有任何秘诀，她之所以感到幸福，是因为她对自己的生活感到满意并知足。每天起床后，她做的都是自己喜欢做的事情，她在作画时心情更是无尽的愉悦，她不会因为自己的画在市场上被人买得多就格外高兴，也不会因为自己的画无人问津就心生沮丧、自暴自弃，无论现实如何，她都安然处之。

安娜·玛丽经常将自己的画带到集市上去，有人买她就卖，没人买她就自得其乐。她曾将自己的画、果酱和水果罐头送到鹰桥的乡间展览会上，果酱和水果罐头在展览会上获了奖，画作却没有。然而，她并没有因此而放弃画画，她热爱画画，以崇敬艺术的纯粹之心爱之，无关于名利，也无关于声望。

后来，安娜·玛丽因为坚持绘画，有了一些名气。临近的胡西克福尔斯镇的药房老板娘听说了她的故事后，特意邀请她去参加药房组织的一个妇女交易商品的活动。此后，安娜·玛丽的画作，还有当地其他妇人制作的工艺品，一起被摆在药房的窗户旁展售，只是前来问询和购买的人甚是寥寥。

虽然自己的画作没有得到应有的欢迎，但安娜·玛丽并没有气馁，而是加紧练习，不断提高自己的绘画水平。她从来没有期待过借着绘画的阶梯走向名人的高度，在她的心里，只是单纯地将画画作为自己的兴趣。她老了，只愿意做自己喜欢的事，也只愿意顺从自己的心意而活。名利于她而言，都是身外事，她不敢去想，也不曾想过。

1938年的复活节，纽约的一个收藏家路易斯·卡尔多偶然路过了药店所在的那个小镇，看到了壁橱里展出的安娜·玛丽的画作，很感兴趣。卡尔多本来是纽约市水务部的一名工程师，由于工作的原因经常出差在外，总是喜欢寻找并收藏一些具有艺术价值的东西。当他路过药店的窗户旁，看到安娜·玛丽的画作时，瞬间就被吸引了，于是他走进药房找到老板娘，要求看看更多的画。一一看过安娜·玛丽留在药房的那些画作后，卡尔多深表赞赏，于是便将它们全都买了下来。随后，他又向老板娘要了安娜·玛丽的家庭住址，因为他实在想见见这个能画出如此独特的画作的老人。

那是一个晴好的午后，卡尔多到安娜·玛丽的家中拜访，当时她正坐在画室里专注地画着。卡尔多看着安娜·玛丽在画画时那心无旁骛的样子，心中不由得对她充满了敬意，还有无尽的羡慕，因为他觉得，一个人能在合适的环境里做自己喜欢的事，着实是一种幸福。就像卡尔多虽然是一名工程师，可是他却对各种艺术品有着莫名的痴迷，只是他为生计所迫，不能像安娜·玛丽这样全心全意地做自己喜欢的事情。卡尔多深知，在某种程度上，他和安娜·玛丽其实是同道中人，他们都有自己热爱的事情，也愿意为了自己的那份热爱而不懈努力。

当卡尔多来到安娜·玛丽的家，告诉她，他很欣赏她的画，并希望将她和她的画介绍给更多的人时，她并不相信。事实上，安娜·玛丽的家人们也并不相信卡尔多有这个能力，他们都认为他的允诺太不真实。然而，卡尔多并没有因为安娜·玛丽一家的态度而放弃，与安娜·玛丽协商后，他以合适的价格买下了她手头所有的画，并带回纽约，希望能够找机会将它们展示给那里的人们。卡尔多回到纽约后不久，便专门购置了一套专业画家所用的画布和颜料寄了过来，希望安娜·玛丽能够在更好的条件和状态下从事绘画。

作为一个同样在追求自己的梦想的人，卡尔多是真心地想用自己的力量来帮助安娜·玛丽，他喜欢她的画，也相信会有更多的人像他一样喜欢她的画。当卡尔多在药店橱窗里第一次看见安娜·玛丽的画的那一刹那，他就被画作独特的画面和情致打动了。他长年在外飘荡，也曾有幸看过不少值得收藏的艺术品，他也喜欢它们，只是从不曾像喜欢安娜·玛丽的画那般，竟在不自觉之间有了一种莫名的感动。诚然，安娜·玛丽不是专业的画家，她的画从绘画技巧的角度来说，也许还有不够纯熟之处，但是在卡尔多看来，安娜·玛丽的画却比专业画家笔下的画多了一丝独特的灵气和神韵。

在卡尔多离开以后，安娜·玛丽如身在梦境中一般，她不敢相信竟然有人会如此喜爱她的画。虽然她一直渴望自己的画作能够被更多的人喜欢，但是她并不奢望自己有一天能够靠画画成名，或者被人如此疯狂地赞美。卡尔多的到来给了安娜·玛丽更多的勇气和信心，也有了更多的投入。

卡尔多走的时候，曾向安娜·玛丽许诺，一定会让她的画在纽约市甚至是整个美国都名声大噪。安娜·玛丽不是不愿意相信他的话，而是她从来就没有过这种欲望，她只想安安静静地做自己喜欢的事，即使她的兴趣不能给她带来任何好处，她也甘之若饴，只因为她喜欢，只因为她热爱。

曾经，安娜·玛丽最大的希望就是看着自己的孩子们慢慢长大，希望自己能和丈夫托马斯一起白头偕老，如今，孩子们都各自长大并有了自己的生活，托马斯也已经早早地逝去了，她并不怨恨时间带走了她最珍爱的亲人，因为她与他们过去在一起的每一天，她都分外珍惜，因而即便是失去了，她也不再有遗憾。现在，她最大的梦想就是能够安心地画画，不管生命还有多长，在余下的每一天里，她都希望沉浸在画画的乐趣之中。她希望能够画到自己再也提不起画笔的那一刻，与此同时，她也在心里默默地祈祷，只希望那一天能够来得迟一点，再迟一点。

Chapter Five

平凡和名望

功夫不负有心人

　　安娜·玛丽对于画画，有一种发自本能的热爱，尽管这种热爱在她人生的末年才渐渐凸显，但是她并没有因为年老而对自己所热爱的事情有所懈怠。画画对于安娜·玛丽而言，就如同吃饭、睡觉一样，成了她每日的必修功课。安娜·玛丽从未想过要通过画画来积累财富，或者是提高自己的名气，能够每天安安静静、开开心心地画画，对她来说，已是莫大的幸福。

　　虽然安娜·玛丽对画画十分热爱，但是她并不建议其他人将绘画作为一个职业，除非他们有充分的才华，或者因为残疾而丧失了劳动的能力。在安娜·玛丽看来，绘画是动用身体机能比较少的一项工作，所以在她因为关节炎而无法继续刺绣后，她才选择了画画。她从来没有专门学习过绘画，也没有任何独特的绘画技巧，她甚至不懂得如何进行色彩的搭配和风格的运用。然而，这丝毫不会影响她作画的兴致和心情，在画画前，她就已经在脑海中构想出了各种画面，她只需要将这些画面画到画纸上便可。

　　在安娜·玛丽拿起画笔之后，她也曾暗自地问过自己，假如她没有画出人们所希望看到的画，她的人生是否会因此而变得黯淡无光。她没有想到确切的答案，但是她知道，假如她放下画笔，那她这一辈子都会感到遗憾，她的梦想将永远都不会实现。

很多人好奇安娜·玛丽为何在接近 80 岁的年纪选择了画画，也有很多人曾怀疑过安娜·玛丽在这样的年纪才开始画画的意义，但安娜·玛丽知道自己所做的每一个选择都是出自真心，也是经过深思熟虑的。她每一天都在认真地生活，并一步一步努力地朝着自己的梦想前进，不论这个过程有多么辛苦、多么漫长，她都坚持到底，她都始终如一。

一个人待着的时候，安娜·玛丽也会在心里默默地告诉自己：不要急，慢慢来，人生的路还很长。虽然她知道自己的年龄已不容她去浪费一丁点儿的时光，但是她还是想让自己放松下来，即使如蜗牛一般地缓慢爬行，她也会因为这脚踏实地的力量而感到无比的笃定和踏实。有人曾问安娜·玛丽："一切真的都来得及吗？我们已经比别人慢下许多，又如何能够赶超呢？"她常常这样回答他们："不要急，你要做的不是赶超别人，而是改变自己的心态。"

安娜·玛丽说，人在年轻的时候常常会感到彷徨，感到焦急，害怕无法得到想要的那种生活，也担心不能遇到一个能够真正爱自己的人，害怕白白浪费了青春年华也无法过上比别人更好、更幸福的生活；在这样的担忧与焦虑下，反而可能失去更多，因为人在这种状态下常常无法看到自己已经拥有的那些珍贵的东西。

卡尔多回到纽约后，带着安娜·玛丽的画奔走于各个展览馆和画廊之间，虽然没有多少人愿意给予过多的关注，但他没有放弃。其实，并不是没有人对安娜·玛丽的画作感兴趣，相反，那些展览馆和画廊的负责人在看了卡尔多展示给他们的作品后，他们对她那些别具一格的画很是赞赏。只是，在听说安娜·玛丽已经 78 岁后，他们便不再愿意与卡尔多继续洽谈，因为他们不愿意为一个随时都可能死去的老人来举办一场没有商业前景的画展，这于他们而言利益不大。

虽然多次遭到拒绝，但卡尔多坚信一定能找到和他一样欣赏安娜·玛丽的画作，并愿意为她宣传推广的人。于是，只要有机会，他就会带着安娜·玛丽的画去拜访一些相关负责人，终于，"功夫不负有心人"，卡尔多最后还是成功地说服了另一位著名的收藏家西德尼·詹尼斯，詹尼斯最终同意在 1939 年的 10 月 18 日至 11 月 18 日，为安娜·玛丽等未成名的画家在现代艺术博物馆举办一场非公开展览，名为"当代不知名的美国画家"。在此次展览上，安娜·玛丽有三幅画作入选，继而得以在展馆中全部展出。然而，由于这个展览并不开放给大众，很多会员也不愿意将过多的注意放在这些不知名的画作上，所以安娜·玛丽的画没有得到应有的关注，卡尔多接触的大多数艺术品交易商也拒绝支持这位高龄艺术家。

当卡尔多将这个消息告诉安娜·玛丽的时候，她虽然失落，但是并没有因此而放弃画画，也没有质疑过自己的梦想。她深知，自己的努力和真诚也许不会被所有人看到，但是只要她能坚守住，相信时间自会给她最好的回馈。在决定作画伊始，安娜·玛丽就不是为了名利，即便现在她在绘画上有了一些不小的进步和突破，她也仍然只是单纯地喜欢画画，并没有别的贪念和奢望。于她而言，能够安然地立于一间小小的画室里，回想着过去的种种美好回忆，并静静地于画纸上描绘出自己心中所想的那些画面，已经是最好的幸福。

这次画展结束后，卡尔多除了继续奔走于各个展览馆和画廊外，仍然保持着与安娜·玛丽的联系。每隔一段时间，卡尔多就会买一些专业的画笔和颜料寄到她的家里，他希望老人能够继续画画，因为他始终相信，她早晚能够凭借自己的天赋和才能让那些画得到更多人的认可和青睐。

别人的评价，对于安娜·玛丽而言，只是一种参考，她最看重的，是她自己的兴趣和梦想。她深知自己已经走到了人生的末年，不可能像年轻人那样有充足的时间去追求自己的梦想，只因着一颗赤诚的心，她愿意在画画上花费更多的时间和心血。

安娜·玛丽始终认为，做什么事情并不是最重要的，最重要的是，在做这些事情的时候，自己是否会感到愉悦和幸福。她曾说，假使她的画一幅也卖不出去，即便没有人去看她的画，她还是会一如既往地画下去。和孙辈玩耍后，她会坐下来回想刚才一起经历的种种画面，然后拿笔将他们活泼可爱的样子仔细地画下来。在一场大雨过后，她会站在屋外认真地凝视天空，然后将她眼中看到的雨后耀眼的彩虹细致地描画出来。不仅如此，在经历过每一个令她感动的瞬间以后，她也会悄悄地将那些不为人所察觉的情感珍藏在心底，然后于某一个日子将它们一一呈现在画纸上。

即便没有选择画画，安娜·玛丽也会坚持做自己喜欢的其他事情。她一直渴望的便是这样平凡而又简单的生活，她不喜欢大起大伏的人生，但是却对细水长流的生活充满了热爱。从一个幼稚可笑的小姑娘，成长为几个孩子的母亲，乃至祖母、曾祖母，她的一生几乎都是在农场里平静地度过。后来，她以刺绣为主，闲暇时还养了一群鸡鸭；那时她就在心里想，如果不是因为关节炎的发作，她可能现在依然还在做着刺绣的活计，而不是专注于画画。

安娜·玛丽始终认为自己只是一个平凡的老妇人，即使后来她因画成名，她也依然觉得如此。她这一生其实并没有什么伟大的梦想，她唯一希望的便是做自己热爱的事情，并过好每一天的生活。在亲人和邻居们的眼中，安娜·玛丽不过是个朴实而又喜欢唠叨的老太太，他们喜欢她的有趣、慈祥和善良，不管她是否是一个成功的画家，他们都爱她、尊敬她。

正是怀着一颗知足、感恩的心，安娜·玛丽才能真诚地热爱生活，并用心地对待自己身边的每一个人。同样地，生活也给予了她相应的回馈，与她交往过的人记住了她的慈悲和温暖。安娜·玛丽之所以能够画出与众不同的画作来，就是因为她比一般人更能够学会从细微处观察生活、体味生活，别人在画中想要竭力展示的是这个世界的影像，而她想要呈现的则是人们的真心和实在的生活。

虽然安娜·玛丽说画画是动用身体机能较少的一项活动，但是如今已经 79 岁高龄，每天大部分的时间都坐在那里画画，这对她的身体是不小的考验。事实上，自从专注画画以来，她就经常因为久坐而感到腰酸背痛，有时甚至还会头晕眼花。即便如此，她还是没有停止画画，她希望能够有更多的时间来做自己喜欢的事情，而不是每天无所事事地白白消磨那宝贵的时光。

后来，安娜·玛丽的儿子知道她的身体状况后，时常劝她要多休息，不要为了画画而弄垮了自己的身体，她虽然答应着，但背地里还是没有减少画画的时间。如果有人来家里拜访，却没有看到她的身影，那么她一定是待在她的画室里画画呢。安娜·玛丽热衷于画画这件事，已经为村里的很多乡亲知晓，甚至在整个鹰桥镇，都有很多人熟知她的名字。

在安娜·玛丽成名以后，她经常劝慰那些给她来信的一些年轻人：不要惧怕未知的明天，去做自己喜欢的事情，并且努力地坚持下去，只要你能从中获得乐趣和幸福，那么这样的人生便是美满的、值得的。而安娜·玛丽之所以觉得自己是满足而幸福的，想来也是因为她这一生都在做自己喜欢的事情吧。

一夕成名

9月的天气晴朗、明媚而又清澈，阳光从树叶间洒下斑斑驳驳的光影，清风温柔，瓜果飘香。鹰桥镇的农夫们都在田野间忙着劳作，那些人声和家畜的叫声混合在一起，形成了一支热闹非凡的乡村交响乐。在这喧嚷的氛围里，整个世界仿佛都被激活、被感染了一般。

在儿子和儿媳为了秋收而忙碌的时候，安娜·玛丽帮不上任何忙，于是她就在家里准备了一些茶点趁中午休息的时候送到农场。在去农场的路上，安娜·玛丽看着秋日的种种美景，忽然想起自己多年前去农场给托马斯送饭的场景，一时间满是感慨。虽然托马斯已经去世十几年了，但安娜·玛丽一直都还记得他的模样，在她的心里，他从来没有离开过。

1940年，就在这个9月的初秋，安娜·玛丽迎来了她的80岁生日。在生日这一天，儿子和儿媳为她举办了一个隆重的生日会，她的其他几个孩子相继前来为她祝寿，邻居们也纷纷来为她庆贺。在托马斯去世后，她以为自己也将会在不久的将来随他一起葬入黄土之中，毕竟她没料到自己竟能活到80岁。

虽然安娜·玛丽的头发已然苍白，但是她的容颜却并不像一个80岁的老人，许多人在第一次看到她时，以为她只是一个60

多岁的老太太。比起容颜上的变化，安娜·玛丽更在乎的是自己的心态，尽管时间无情流逝，但她还是当初的那个她，即便不再年轻，她的初心仍然未变。对于家人，她爱之惜之；对于生活，她珍之敬之；对于梦想，她追之求之；对于未来，她信之安之。人生于安娜·玛丽而言，已走过大半，在剩下的日子里，她只想安安稳稳、平平淡淡。

1938 年纽约现代艺术博物馆的非公开展览结束后，因为反响不佳，安娜·玛丽遂不复再有展出自己画作的意愿。因为她选择画画的初衷，本就是为了自我娱乐，她做自己喜欢的事情，即使没有结果，也不会在意。然而，卡尔多并没有放弃他对安娜·玛丽的承诺，他喜欢她的画，认为她有足够的天赋和资格去被人赞赏和追捧。因此，除了平时奔走于各个展览馆和画廊之外，卡尔多还保持着与安娜·玛丽的联系，逢到节日的时候，他会写贺卡问候她，等她画画的颜料用完了以后，他也会及时地为她买好寄去。

卡尔多的一番苦心，安娜·玛丽完全明了，但她对于自己的画，却并不如他那样有信心。有很多次，安娜·玛丽都想告诉卡尔多，不要再为她浪费时间了，但是面对他的殷切和热情，她总是话到嘴边，却又说不出口。

自始至终，卡尔多都相信自己的眼光，他对安娜·玛丽有信心，对她的画更有信心。从 1938 年到 1940 年，卡尔多在忙于自己的本职工作外，总是不忘为了安娜·玛丽的画到处奔波。终于，在卡尔多的不懈努力下，纽约圣艾蒂安画廊的拥有者奥托·卡里尔，终于被他说服，前来参观了安娜·玛丽的画作。在看完安娜·玛丽的作品后，卡里尔同意由自己的画廊为她单独举办一场画展。

1940年10月9日至10月31日，安娜·玛丽的画展举行了，主题是"一个农妇的画"，这是首次为某位女性单独举办的画展，卡里尔应邀参加。通过这次展览，安娜·玛丽的画得以被一些人知晓，有很多人都为她画作的独特风格和情致所深深吸引。

画展结束后，安娜·玛丽的名字开始被纽约的一些人谈及，她的名气也渐渐地传播开来。当卡尔多将这个好消息告诉给安娜·玛丽和她的家人的时候，他们刚开始还不敢相信。当初卡尔多来到他们家里告诉安娜·玛丽，他可以助她成名时，她的家人都以为他在说疯话，而如今看来，他没有欺骗他们。

1940年11月，吉姆贝尔斯百货公司在听闻了安娜·玛丽的名声后，觉得有利可图，便策划了一场活动，重点介绍了安娜·玛丽的作品《感恩节庆典》。安娜·玛丽受邀出席了本次活动并发言，得到了媒体和公众的一致好评。

这次活动让安娜·玛丽本人和她的画作在纽约市内掀起了一阵议论的热潮，与此同时，她的画也开始走俏，很多人都纷纷慕名前来找她买画。安娜·玛丽做梦也没有想到，她的画竟然能够在一夕之间被这么多人喜欢，而她自己能够被这么多人视为崇拜的对象。

安娜·玛丽在有了一些名气后仍然坚持每天作画，她并不是为了能够卖出更多的画来积累财富，而是想要继续像往日一样做自己喜欢的事情。她不愿意自己的兴趣被世俗名利过多地干扰，因而平日里，她总是藏身于自己的画室中安静作画，对于一些慕名前来拜访她的人，她也不愿频繁接见。有的时候，安娜·玛丽一个人坐在画室里安静地发呆，那个时刻，她在心里默默地怀念着以前的平淡时光，只希望自己能够不被外界打扰，只希望自己能简简单单过日子，欢欢喜喜地做着热爱的事情便好。

年轻的时候，安娜·玛丽也曾在面临选择时彷徨犹豫过，因为那时的她还不知道那些选择是否值得她去坚持。有时候，安娜·玛丽也会听从别人的建议，去选择大多数认为理想的生活或目标，但之后她却发现，别人的建议即使再合乎标准，再有道理，她也不能从中得到她想要的那种生活。所以，年长一些以后，安娜·玛丽在做任何决定的时候，都会听从自己的内心，因为她知道适合自己的选择才是最好的。

在大家看来，安娜·玛丽是一个温和的没有脾气的老太太，她很好说话，只要力所能及，她会毫不犹豫地答应任何人对她提出来的请求。很多人以为，她对一切事情都是这般随和，而事实上，在对待生活和人生时，她总是比一般人执着，比一般人更要敢于坚持自己的主张。不开心的生活，于安娜·玛丽而言，只是一种沉重的负担，她过去曾经历过的那些痛苦和折磨，都在时时刻刻地提醒着她，不要违背自己的初心，更不要选择自己不喜欢的生活。

一直以来，安娜·玛丽都是一个为了自己的梦想而敢于努力拼搏、不断向前的勇士。面对困难，她从不肯轻易妥协；面对生活，她从不肯随便将就；她有她的坚持，有她的原则。安娜·玛丽时常告诫自己，要善待身边的人，也要善待自己。她希望自己快乐的同时，别人也同样是快乐的，更重要的是，她希望自己快乐的时候是真正的发自内心的快乐。

在画画的时候，安娜·玛丽的心里无比的宁静，就像没有丝毫涟漪的湖面一样，水波不兴，清澈见底。一个人独处的时候，安娜·玛丽也时常爱发呆，在她今日过着还算安宁的生活的时候，往事的画面总在她的脑海里闪现。她老了，热爱回忆，也喜欢反省。有一天，当她正在发呆的时候，她那尚且年幼还未经历过太多世事的小曾孙女脚步蹒跚地向她走过来，轻轻地抱住她的腿，并用一双水灵灵的蓝色大眼睛好奇地看着她。安娜·玛丽将小曾孙女抱起来放在腿上，然后轻声地问她："你今天快乐吗？觉得幸福吗？"

小曾孙女并不懂得曾祖母的意思，她看着曾祖母慈爱的双眼，便笑着轻轻地点了点头。看着小曾孙女那天真可爱的笑脸，安娜·玛丽也充满了喜悦和感动，她不知道自己现在为何会这么敏感，就连生活中一些微不足道的小事都时常令她动容。每一天对于安娜·玛丽而言，都是美好的一天，她在平平淡淡的生活里总能感觉到切切实实的幸福。清晨的阳光让她觉得温暖，水蓝的天空让她心无杂念，葱茏的草木让她心情愉悦，落日的黄昏让她满心感动，一切与生活相关的哪怕琐碎的瞬间都让她莫名地觉着欢喜。

年纪大了以后，安娜·玛丽才算真正地懂得了生活的真谛，明白了生命的意义。在她看来，美好的人生是在历经生活的坎坷和磨砺后，仍然相信生活，相信未来，并能够以一颗平常的心去对待生命中的失败与成功、缺憾与圆满。

孩子是真正的哲人

　　时光匆匆，一年过去，然后另一年又接踵而至。日子便在时间的年轮里一天又一天地过去，那些欢乐的抑或是痛苦的点滴也随之流逝，记忆的碎片留存，而时光永不再回。

　　安娜·玛丽喜欢将生活的片段记录在她的画作里，那些丰富的场景、熟悉的画面，就是曾经在她脑海里盘旋过的一段段回忆。她爱人生的每一个阶段，也爱生活的每一个细节，只要是自己曾经历经过的，即便是痛苦的，她也倍加珍惜。因为正是这些生活的片段构成了她的一生，她想告诉这个世界，她曾经来过，也好好地生活过，而她的那一幅幅画作便是最好的证明。

　　在画画的时候，安娜·玛丽常常将一些微小的场景画进她的画中，她喜欢那些令她动容的短暂的瞬间，甚至是一些琐碎的细节。自从爱上画画以后，安娜·玛丽就养成了随处观察的习惯，她总是能看到容易被其他人所忽略的那些不起眼的细节之处，也因为此，她的画总是能打动别人，给人意想不到的惊喜和欢悦。

　　安娜·玛丽在画画时的细致和用心，总是能被那些天真可爱的孩子们看出来，他们围在她的身边看着她画画，不时用他们的小手指着画好奇地问："奶奶，为什么这朵云是彩色的呢？我做梦的时候也时常梦见这样的云朵，好漂亮啊！""奶奶，您为什么要画这朵紫色的小花？看，花瓣上还歇着一只好看的蝴蝶！"

安娜·玛丽并没有因为孩子们七嘴八舌的发言而觉得厌烦，她看着孩子们好奇的神情，微笑着回答说："因为它们在我的脑海中便是如此，我只是将它们原样画出来了而已。"

对孩子们而言，安娜·玛丽画中的一切都对他们充满了吸引力，他们能比成年人更好地去感受她画中的那些画面和场景，因为他们对于生活仍保有纯真的热爱和想象，因为他们的心还不曾被这个复杂的世界所侵扰。安娜·玛丽说，那些孩子其实才是生活中真正的哲人，他们用童真的语言告诉给她：生活中的每一处永恒其实就在眼底，你只需低下头，便能看到。

除了创作风景画以外，安娜·玛丽也喜欢创作一些与生活密切相关的民俗画，无论是繁复的画面还是简单的场景，她都能很好地驾驭。她的重要作品《1760年冬天的老橡木桶》便是其中的代表之一，她将着眼点立足于故乡的历史和人文情怀之中，使这幅画的内涵大大提高。

安娜·玛丽是在她成名以后才将《1760年冬天的老橡木桶》创作出来的，她之所以能创作出这样一幅独特的画作，是源于她年轻时的一段经历。那时的她，还没有开始画画，甚至没有想过自己以后会画画，更没有想过自己会成为一个专业画家。

1877年，安娜·玛丽还只有17岁，那时她正在为一个年老的夫人戴维·伯奇做女佣。伯奇夫人很喜欢安娜·玛丽的聪明懂事，因而闲暇之余，总喜欢和她聊聊天。正是因为这个机遇，安娜·玛丽才知道了伯奇夫人家族及农场的一些故事，更为重要的，是她知道了当时著名的歌曲《老橡木桶》的由来。

据伯奇夫人回忆，18世纪以前，伯奇夫人的曾祖父一家就生活在这片农场。她的曾祖父有一个哥哥名叫保罗·丹尼斯，在少年时期，保罗和邻居家的女儿相恋了，但因为保罗家当时很穷，女孩的父母便不同意将女孩嫁给保罗。然而，两个年轻人早已悄悄地立下誓言，此生，他非她不娶，她亦非他不嫁。苦于女孩父母的阻挠，保罗只能和女孩偷偷地交往，他们以附近的一棵苹果树为信筒，常常为彼此写下信件，等到晚上来悄悄交换。后来，保罗因为要服三年的兵役离开了家乡，孤身在外，他格外想念家乡，也非常思念自己的恋人，触景生情，便写下了这首名为《老橡木桶》的诗。三年的服役期结束后，保罗回到家乡，将自己写的这首诗交给了当地一个名叫伍德沃斯的人，并让他帮忙谱了曲，于是，《老橡木桶》这首歌就这样流传开来。

安娜·玛丽有感于这首诗歌的由来，更为保罗的痴情所打动，便根据这个故事创作了这幅木板油画——《1760年冬天的老橡木桶》。安娜·玛丽的这幅作品得到了很多人的青睐，不久之后，在纽约州锡拉丘兹雪城美术博物馆（现艾弗森艺术博物馆）获颁纽约州奖。那时安娜·玛丽的画作已经在整个纽约州都颇具名气，因而有很多人想收藏她的画作，更毋庸说这幅已经获奖的画作。

经过一番角逐，最终国际商业机器公司（IBM）创始人托马斯·沃森以高价购买了这幅画。

即便已经有了一些名气，但安娜·玛丽仍然将自己大部分的精力放在她的画上，无论外界怎么夸赞她的画，都淡然处之，而她的画技也在这不动声色的专注里有了很大的提高。因为每天前来索画的人很多，安娜·玛丽只能抽出更多的时间来作画，她不愿草草地完成自己的任何一幅画，在画画的时候，她总是保持着极高的注意力和耐心。随着安娜·玛丽在绘画上的努力和付出而与日俱增的，是她作为一个画家的声望，一些名人如凯瑟琳·康奈尔和科尔·波特，听闻了安娜·玛丽的名气后，也开始收藏她的作品。此后，她声名鹊起，并逐渐以"摩西奶奶"这个称谓而誉满纽约州，甚至是整个美国。

以"摩西奶奶"这个称谓成名后，安娜·玛丽得以被更多的人知晓，人们对她的画充满了兴趣，每天都有人来家里拜访她。虽然安娜·玛丽更愿意将自己的时间和精力都放在画画上，但是对于那些喜爱她的人们，她仍然怀着极大的热情和耐心一一接待。

村里的人此前都对安娜·玛丽很熟悉，但是他们并不知道这个 80 多岁的老人还能以这样的方式被这么多人知晓。以前他们都没有用"摩西奶奶"这个称呼叫过她，但是在她成名后，她的邻居包括村里的其他人渐渐习惯了这样称呼她。久而久之，"摩西奶奶"便成了她被人提及的惯常称谓，她自己也习惯了。

于摩西奶奶而言，幸福是一个只要说出口，就会让人觉得无比满足的词语。如果要问她，她这一生最幸福的时刻是什么时候，她想自己一定无法在短时间内给出一个明确的回答。一直以来，她都觉得生活中每一个时刻都是幸福，而她之所以会感到幸福，就是因为她始终都在做着自己喜欢的事情，与此同时，还因为她对生活保持着一种乐观的态度，并善于从细微的日常里感受幸福。

在看到孙子长出第一颗牙齿的时候，她感受到了新生命萌芽时的那种幸福感；在听到孙女用稚嫩甜蜜的声音叫她祖母的时候，她感受到了天伦之乐的那种幸福感；在她创作出一幅崭新的画作时，她感受到了内心充实的那种幸福感。在摩西奶奶的意识里，幸福从来都是很容易获得的东西，因为她于生活的每一个瞬间，都在体味幸福，并懂得珍惜那些幸福的时刻。

回顾这一生，摩西奶奶觉得自己的生活始终在以一种新的姿态在缓缓展开着。在她尚且年幼的时候，她的人生才刚刚进入生活的轨道，一切都还才开始，而那时的她对自己的未来充满了无尽的幻想。那个时候，她所想的一切，在她现在看来，不过是一些幼稚可笑的念头。然而，虽然只是想象而已，她却把那些憧憬当成了幸福的一种姿态。长大以后，她恋爱了，结婚了，有了属于自己的家庭，直至有了自己的几个孩子，她的生命随着时间的流逝而不断完整。即便如此，摩西奶奶彼时并不认为自己的人生已经圆满，因为她觉得自己还可以跟随自己的内心，去做更多自己喜欢的事情，去实现更多的梦想。

摩西奶奶的孙子曾这样问她："奶奶，你为什么一定要找些事情来做呢？你为什么不能像其他的老太太那样，每天只是简单地晒晒太阳、带带孩子呢？"在听到孙子的疑问后，摩西奶奶只是对他慈祥地笑笑，因为她知道孙子还小，不懂得她的那些固执的坚持，等到他长大的那天，她想，或许他就能明白。

诚然，晒太阳、带孩子也是摩西奶奶喜欢做的事情，她喜欢温暖的阳光，也喜欢每天都和孩子们待在一起。只是，除了这些以外，她还有更多想做的事情，做这些事情的时候，她能够获得一种久违的充实的满足感。很多人无法理解她的这些感受，但是这并不影响她对生活的热爱，这些满足感让她对生活充满了信心，也充满了感激。

曾经有人问摩西奶奶："你选择了刺绣，之后又学习画画，是因为你对自己目前的生活感到不满意吗？"摩西奶奶摇摇头说："我对自己的生活一直都深感知足，我之所以选择刺绣和画画，不是因为它们是我必须要完成的工作，也不是因为它们能为我带来名利上的实惠，而是因为我不愿意自己的日子因为无所事事而变得空虚，同时也因为它们都是我自己喜欢的事情。"

在摩西奶奶看来，画画就和喂鸡、做果酱一样，都是她生活中的乐趣所在，也是她梦想中生活的一部分。做这些事情的时候，她能够感受到真实的快乐，也能够感受到真切的幸福。摩西奶奶深知自己只是一个在农场里平淡生活着的老妇人，她所做的一切事情都是单纯而又简单的，只是因为她始终怀着一颗热爱的心去对待生命中的每一件事，她的人生才因此充满了意义，也让很多人都为之心生羡慕。

对于画画，摩西奶奶怀着很大的崇敬，也有着极大的兴趣。在她还只是一个小孩子的时候，她就对一切景物充满了莫名的好奇和热爱，那时的她没有机会拿起画笔将她所看到所感受到的景物一一地展现在画纸上，但是在她的脑海中，却早已勾勒出了一幅幅的画面。年轻的时候，她也没有机会学习画画，经历了坎坷的中年时期，直到她成了一个头发花白的老人以后，她才真正有机会拿起画笔，因而画画于她而言，是一种天赐的幸运。在80岁的时候，她才因为绘画而被更多的人知晓，她在绘画上的梦想才得以真正实现。

摩西奶奶的成名比一般人想象的要晚很多，以至于很多人都认为，她在因画画而成名前的那些时光都是虚度，甚至是毫无意义的。然而，摩西奶奶却有不同的回答，她认为她这一生最大的意义便在于始终坚信最好的生活还在后面，在于始终坚信她还有更多的时间和精力去实现梦想。

家人在哪里，方向就在哪里

摩西奶奶成名后，她的画作在短短的几年内就变成了市场上的畅销品，画的价格也不断攀升，即便如此，还是有很多人都想得到一幅她的作品予以珍藏。与美国的其他画家相比，摩西奶奶的画作具有明显的个人特色，这并非只因为她是靠自学成才的，更因为她能比别人看到关于生活的更多细节，同时也因为她比别的画家多了一份对自然的热爱和情怀。

对于自己的突然成名，摩西奶奶并没有表现出特别的喜悦，不论成名与否，她对绘画的热爱都不会变。摩西奶奶并没有把画画当作她的职业，更没有将画画视为她必须完成的一项工作，于她而言，画画就是她生活的一部分，是她生命的延续。她已经不太能够记得自己是什么时候开始画画的，只是在她模糊的记忆里，隐约地想起那好像是某个春天的事情。在经历过漫长的冬季的寒冷和沉寂之后，春天来临，万物更新，她拿起画笔在春日的阳光下随意涂抹，那真是一件想想都觉得十分美妙的事情。

在画画的时候，摩西奶奶是专注而安静的。画笔在画纸上游走的那些时刻，她仿佛找到了真正的自己，满心都是快乐而满足。摩西奶奶每天都会坐在画板前拼命地作画，她不仅是为了满足别人想要得到她的画作的愿望，更是为了自己的兴趣而不懈努力着。

几乎一年四季，摩西奶奶都在不停地画画。在春天来临的时候，摩西奶奶会让她的孙子和孙女帮她将画板搬到视野最开阔的那片草地上，然后她会带着自己的画笔坐在画板前开始作画。春日的美景实在太过绚烂，几乎每一个时刻，摩西奶奶都有作画的冲动。在她作画的时候，孙子、孙女，还有邻居家的那些小孩子们，常常围绕在她的身边，好奇地看着她——摆放好自己的画具。等她的准备工作完成以后，他们总是会带着兴奋的语调小声说道："奶奶要开始画画啦！"摩西奶奶很喜欢他们围绕在身边，因为有他们的陪伴，她画中的那些画面和场景便在不知不觉中多了一分柔软，多了一分天真。那个瞬间，她常常错以为时间又回到了从前，就像她在斯汤顿的厨房将槭树汁熬成糖的那些时光一样，孩子们围在近旁，空气里都漂浮着甜甜的味道。

夏天是一个热情的季节，摩西奶奶不太能经受得住夏天炽热的气温，但是她并不讨厌夏天。夏天的时候，树木葱茏，花草繁盛，所有的生命都以最热烈的姿态拥抱阳光、欣欣向荣。摩西奶奶会在一天之中光线最柔和的傍晚，用心地去画出自己眼前所看到的景物，例如在石板下安然休憩的猫咪，在窗台上缓缓爬行的一只虫子，或者是那些蹲在树下高兴地玩耍的小孩子……所有令她动容的一切，都会在她的画板上以生动的姿态展现出来。

摩西奶奶很喜欢秋天，这是一个金黄的季节，空气中弥漫着庄稼和瓜果成熟的香气，农人们在田地里忙着丰收，牛羊悠闲，风吹草低。每每此时，摩西奶奶喜欢坐在自家屋前的小院子里，画下那些在田野间劳作的人们，画下那些依然在慢慢凋零的植物，还有那些偶尔从天空中飞过的南去的鸟群……在摩西奶奶的画中，季节的变化总是分外明显，她喜欢一边仔细端详着自己画中的场景，一边怀念上一个季节的气息。

冬天是一个沉静的季节，万籁俱寂，只有雪花簌簌飘落的微声落在冰凉的空气里。即便是在这样寒冷的冬天，摩西奶奶仍然没有停止作画，她会穿上自己的厚衣服，坐在画板前，专心画画。那个时候，家人们都围聚在壁炉旁，烤火取暖，聊天说笑，而只有摩西奶奶一个人独自坐在画室里画画。摩西奶奶并不觉得寒冷，也不觉得孤单，她很庆幸在大家都无事可做的时候，她还能做着自己喜欢的事情。在画画的时候，摩西奶奶因为过分专心而常常忘记了周遭的一切，彼时彼刻，在她的眼中，只有画中的那个世界。

因为在绘画上获得了很大的成功，很多人给她来信。有人在信中写道："摩西奶奶，你是多么幸运，你获得了你想要的一切，也得到了超乎自己想象的生命的馈赠。"

在回信中，摩西奶奶坦诚地回道："是的，我的确得到了许多超乎自己想象之外的东西，这些东西都是生命厚赠给我的礼物，但与此同时，我也付出了同等的心血和努力。"

摩西奶奶说，一个人能得到什么，又或者他是否能够获得自己曾经希冀过的一切，并非是命运全权决定的，而还在于他自己付出了怎样的努力。纵观摩西奶奶的一生，她从未向任何人乞讨过，也从未向命运认过输，她不允许自己这样做，她觉得，即便只是有过这样的想法，都是可耻的。

在活着的每一天，哪怕是每一个微小的时刻里，摩西奶奶都十分努力地在画她的画，她知道，只有尽自己的全力去做好生活中的每一件事情，命运才会给她更好的回馈。为此，她常常对孙子和孙女说：生活是由我们自己主宰的，并且也只能由我们自己来主宰，不管我们身处怎样的境地，这一点将永远都不会更改。

摩西奶奶在绘画上的努力，为她带来了更大的知名度，她的画在市场上总是炙手可热的畅销品，就连与她相关的商品都十分走俏。在这些与摩西奶奶相关的热卖商品中，尤其以摩西贺卡和畅销书《摩西奶奶：美国原始主义者》最受欢迎。

商家们看准了这个商机，纷纷跟风策划。1946年圣诞节之际，商家们推出了一系列圣诞节贺卡，售出了1600万摩西奶奶圣诞贺卡。在这一年，摩西奶奶的画被理查德·赫德纳特口红广告特别命名为"原始红"。这款口红推入市场后，反响极为热烈。

1947年5月17日至6月14日，摩西奶奶的个人画展在纽约圣艾蒂安画廊举办，这是圣艾蒂安画廊为摩西奶奶专门举行的第二次个人画展。此次展会上，摩西奶奶推出了自己近年来的一些绘画新作，反响良好。

1948年，纽约亚瑟·贾菲彩色照相公司制作了摩西奶奶画作的第一件大幅彩色复制品，很多人争相表示想购买。同年，从感恩节到圣诞节这段时间，纽约圣艾蒂安画廊为摩西奶奶举办了题为"摩西奶奶十年"的画展。与1940年的第一次画展相比，这次前来观赏摩西奶奶画作的人非常多，与此同时，摩西奶奶的励志故事对人们的影响也越来越大。

自摩西奶奶成名后，尤其是在1946年至1948年这一段时间，她几乎成了整个美国家喻户晓的传奇人物，很多人都为了得到她的一张画而不惜花费重金。从此，摩西奶奶的人生也发生了翻天覆地的变化。在邻居们的眼中，摩西奶奶以前只是一个平凡而又慈祥的老太太，而现在她是以一个画家的身份被人们重新认识。

虽然摩西奶奶成了人们极为追捧的知名画家，但她并不以为自己的生活从此就有了任何显著的不同，她仍然是托马斯最亲爱的妻子，是几个孩子的母亲，是祖母和曾祖母，她仍然看重与家人们在一起的时光，也仍然会一如既往地延续自己在绘画上的坚持。对于摩西奶奶而言，她只是凭借着自己的努力，还有那不可多得的运气，在绘画的事业上前进了一步。在人们热切地关注她本身的故事的时候，她希望他们能以同样的热情来喜欢她的画。

摩西奶奶始终以一种坚忍不拔的精神在追逐着自己的梦想，她并不害怕梦想的难以实现，她只在乎自己是否能一直以这样的勇气行走在追梦的路上。对于那些像自己一样也在努力地追寻着梦想的人，摩西奶奶也同样关心，她希望他们不要轻言放弃，她希望他们一路坚持到底。

有一段时间，摩西奶奶发现自己的小曾孙女特别喜欢跳舞，逢到高兴的场合，她就会一个人自得自乐地跳起舞来。为了鼓励小曾孙女做自己喜欢的事情，摩西奶奶便常常鼓励她在门前的那块草坪上自由自在地跳舞，而摩西奶奶就主动地充当起了在台下欣赏的观众。看着小曾孙女在绿色的草坪上翩翩起舞的样子，她的脑海忽然闪现出了 20 年后小曾孙女成长为一个青春少女的场景：她穿着白色的舞鞋，站在偌大的耀眼的舞台上，为前来观看的人们表演一段优美的舞蹈；人们被她的舞蹈所深深吸引，在每一个高潮处，台下观众们的掌声便如雷鸣般地响了起来。

就在摩西奶奶陷入幻想的时候，她的小曾孙女已经走到了她的跟前，满是期待地问道："太奶奶，我刚刚跳得好吗？"摩西奶奶看着小曾孙女热切的眼神，便微笑着冲她点点头，说："好极了！"

摩西奶奶的肯定让她的小曾孙女满心雀跃，看着小曾孙女一脸高兴的样子，她却在心里暗自沉思，不知道这个小女孩是否能一直坚持自己的爱好，并将它作为自己人生路上的重要目标。尽管如此，在此时此刻，摩西奶奶还是为自己的小曾孙女感到高兴，因为她找到了自己喜欢的事情，愿意为之付出时间和精力，并能够享受身在其中的每一刻时光，这便已经足够了。

在摩西奶奶成名以后，有很多人曾问她，她这一生都生活在农场里，远离着世俗尘嚣，难道是因为她对外面的未知世界怀有恐惧之心吗？摩西奶奶听完后，不觉哑然失笑，她承认她一直都生活在农场中，她这一生都未曾行走到太过遥远的地方，但这并不是因为她恐惧外面的世界，而是因为她从来都没有要走出去的想法。她很享受和家人们在农场的生活，也很珍惜和他们在一起的点滴时光，家人在哪里，她的方向就在哪里。于她而言，她在农场中度过的每一天都是充实而满足的，农场给了她一个完整的家和一段幸福的生活，她从不后悔自己当初的选择，也很庆幸自己没有离开农场。

在摩西奶奶尚且年轻的时候，她读过一本书，书的名字她已经记不清了，但是书中有一句话，让她印象深刻。那句话是这样说的：假如你能够将自己生命中的每一天都当作最后一天来过，那么你会发现，生命远比你想象的更加精彩。虽然已经过去了几十年，但是摩西奶奶一直将这句话铭记在心，须臾也不曾忘记。每天清晨起床后，摩西奶奶都会对着天空中正缓缓升起的太阳问自己：我的生命确实比我自己想象的还要精彩吗？

对于自己的疑问，摩西奶奶的心中早已有了答案，她认为，自己的生命的确要比自己想象的要快乐许多。很久以前，她从未想过，自己这双整日做活的手，居然还能够拿起画笔画画。在摩西奶奶被告知因关节炎而不能刺绣的时候，她清楚地感觉到了疾病对她身体造成的伤害，同时也明白，她的生命因之而失去了什么。尽管如此，摩西奶奶也没有放弃希望，她仍然对生活满心热爱，对她以后的人生充满了期待，因为她深知，即便不能刺绣，她还能做其他自己喜欢的事情。而事实证明，她是对的。

生命实在是一场曼妙无比的奇异之旅

　　夏秋交替，冬去春来，时光无痕，岁月悄悄。时间本就转瞬即逝，但在画画的时候，摩西奶奶觉得时间过得更快。

　　摩西奶奶知道，过去了的时光永远不可追回，她能做的，只有紧紧地抓住现在的每一分每一秒。她深知自己已经走到了生命的边缘，她随时都有可能离开这个世界，故而她不愿意执着于过去的一切。细数回忆，她在生活中留下的缺憾并不多，即便曾经发生过令她伤心难过的事情，她觉得那也将是她这一生中难忘经历的一部分，在与过去和解的同时，她也在和自己的内心和解。

　　在摩西奶奶的眼中，每个人都是独一无二的存在，每个人存在于这个世界上，都有其独特的价值。即便是一个平凡的农夫，相信他也有别人所不具有的独特的技艺，他对这个世界总有迥异于他人的一些贡献。因而，即使在摩西奶奶因为画画而在美国名声大噪后，她也没有觉得自己有任何独特之处，她也并不认为自己就比其他人高贵或者聪明。她始终觉得自己只是一个单纯喜欢画画的人，因为人们的青睐，她才得以崭露头角。于她而言，她的人生与其他人并没有任何显著的不同，她只是一个一心一意地做着自己喜欢的事情的老太太而已。

　　摩西奶奶喜欢简单轻松的生活，不吵不闹，欢欢喜喜。每天早晨起来，摩西奶奶喜欢走到花木葱茏的院子里去站一会儿，她喜欢清晨的新鲜空气，也喜欢看太阳从天边缓缓升起。新的一天从早晨开始，旧的一天也在早晨结束，无论昨天如何，摩西奶奶都不再去想，重要的，是过好当下的每一天。

天空中悠然飘动的白云，山野里各种各样的草木，天地间生机勃勃的庄稼，院子里来回觅食的鸡鸭，草垛上甜蜜酣睡的老猫……这所有的一切，都让摩西奶奶觉得高兴，她将这些场景一一画入她的画中，也将她对生活的热爱和欢悦，通过她的画传递给了那些看画的人。她常常暗自想，人们之所以会喜欢她的画，也许正是因为她是带着一种幸福的感情在作画，因而，他们在看她的画时，也同样能感觉到快乐。

在澄净明媚的苍穹下，摩西奶奶欢喜地度过了生命中的每一分每一秒，她将自己的欢乐，注入到了每一个微小的事物中，并将这些欢乐，以画作的形式展现在了人们的面前。只要能够做自己喜欢的事情，摩西奶奶便觉得十分幸福，生活于她而言，只有更好，没有最好。

在摩西奶奶画画的时候，她总喜欢在她的画中画上一些不容易被人注意到的微小的、精致的细节。那个时候，她就像一个在与人玩捉迷藏的小孩，她将自己喜欢的东西藏到了一些秘密的地方，画完以后，她就怀着一种好奇而又期待的心情，等着人们来发现她画中的那些小秘密。

当夜晚降临后，摩西奶奶躺入她温暖舒适的被窝里时，她的孙女和孙子会走进房间来——和她亲吻并互道晚安，目送着他们离开后，她轻轻地闭上眼睛，并同时在心里默默地感谢着上帝，感谢上帝看到了她的努力。她非常珍惜自己在人世的每一天，她知道，等到明天的太阳再次升起时，更加美好的一天也即将来临。

随着时光的流逝，摩西奶奶的年龄也越来越大，她在感恩命运的眷顾的同时，也在担心自己在这个世界上的时间将逐渐减少。进入老年以后，摩西奶奶便常常喜欢陷入回忆，因为那些相似的生活瞬间总是会在不经意间让她回想起她曾经度过的那些美好时光。有时候，在安静的客厅里，看着小外孙女埋着头专注地玩着自己手中的玩具，她便会想起，自己在这样的年纪时，也时常怀着同样的专注去看远方的天空。那个时候的她，对人生，对未来，都充满了无限的憧憬。而此刻，当她站在生命的尾巴上翘首回望的时候，过去的时光已经离她很远很远了，而她当初的那些期待，她现在仍然能够清楚地记得。

在摩西奶奶漫长的一生中，她也曾渴望过自己的人生在某个时刻能发生一种全新的改变，她希望生活能给她想要的惊喜。例如，在她二十几岁的时候，她也曾默默祈祷命运能让她与自己喜欢的人相遇相爱；又或者是在自己人生的某个阶段，她能获得全新的改变。她的这些假设和期待，有些实现了，有些没能实现，但是摩西奶奶从来都不觉得有所遗憾，因为她知道生活本就是一场充满未知的冒险，没有人能够事事如意。

　　大约在摩西奶奶60岁的时候，她就已经清楚地意识到，自己所经历过的生活是多么可贵。那个时候，她的丈夫托马斯还没有去世，她的生活还没有太大的改变。摩西奶奶那时并没有料到托马斯竟然会先她而去，她以为他们还会一起度过很长很长的时光。直至托马斯去世的那天，她才明白，生活的变化原来可以如此迅疾。正是这些经历，不论是好的还是不好的，造就了今天这个能够坦然面对世事变化的摩西奶奶，即便是面对大风大浪，她都能够淡然处之、冷静对待。

　　80岁以后，摩西奶奶忽然觉得，时光的流逝似乎越来越缓慢了，就像她日渐显得沉重的脚步一样。对于她这个上了年纪的老人来说，周遭的一切似乎都随着时光的步伐而慢了下来，从早上的第一缕阳光洒落窗前，到夜幕里的最后一颗星星沉入黑暗，这样的光阴对于别人来说是一天，而她则觉得仿佛是她的一辈子。其实，时光的流逝在任何时候都是一样的，只是因为人的心境不同，感受便会不一样。

　　摩西奶奶曾经有很多次对那些不懂得珍惜生活的人说："现在大家都过上了好的生活，所以日子就比过去简单得多、舒服得多，人们不需要再像过去那样辛苦地工作了，可与此同时，他们的快乐却不如以前那样多了。事实上，他们要担心的事情多了，他们的心情也变得复杂起来，因而我时常觉得，过去的日子即便艰难一些，但至少我们每个人都活得比现在开心一些。"

一直以来，摩西奶奶都对自己的生活充满了感恩之心，她认为自己已经拥有了足够多的幸运和幸福。在她看来，幸福的生活就是简单的生活，她不期待自己有一天能够过上大富大贵的日子，她只希望能够和家人一起平淡地度过每一个清晨和夜晚。

在画画的时候，摩西奶奶总是格外专注，也格外快乐。在她运用画笔将那些明丽的色彩涂抹在画纸上的时候，她总觉得自己是在给自己的人生增添色彩，因而每画一笔，她的生活就仿佛因之而明亮了一些。有一位看过摩西奶奶的画作的年轻人写信来问她：为什么她的画总能给人一种简单而又幸福的安宁之感？随后，他又在信中问道，她幸福的秘诀是什么？

摩西奶奶看着这位年轻人的信，不禁哑然失笑。在她看来，幸福本没有什么秘诀，人只要愿意感觉到幸福，就会获得幸福。幸福只是一种自我的感受，有的人每天只是吃着简单的饭菜，身穿粗糙的衣物，他们却觉得自己是天底下最幸福的人。而有的人即使腰缠万贯，每天都过着锦衣玉食的生活，他们也没有感受到一丁点的幸福。

幸福的定义是千差万别的，每个人都有自己所定义的幸福，但不管如何，过好每一天的生活才是通往幸福的必经路途。对于摩西奶奶而言，人生没有捷径，幸福也没有诀窍，她之所以感到幸福，是因为她对自己的一生感到坦然，她所期待的只是一种简单的生活。因为简单，她的心里便少了许多的杂念，她的生活也就因之更加单纯、轻松。

成名以后，许多人给摩西奶奶写信，几乎每天，她都会收到来自世界各地的信件。在洒满阳光的惬意午后，她会走进画室里，一封一封仔细地去阅读那些信。在来信中，有人向她诉说着自己的困惑和不安，有人向她抱怨着生活的种种不如意，而在这众多的问题中，她看到最多的还是一个问题：为什么她会在自己的生命走过了几十年之后，突然选择拿起画笔，是不是为了圆她年轻时候的梦想，又或者只是为了名利的需要？

那些写信给摩西奶奶的人，也同样面对着人生的一些抉择，他们想要知道，他们是不是也应该像她一样勇敢，果断地放弃自己眼前安稳的生活，去选择一个新的开始，去做自己喜欢的事情。

看了这些信件后，摩西奶奶仔细地思考了一阵，于是便有了自己的回答。首先，她并不觉得自己勇敢，她一直过着的只是平凡简单的生活，她的一生几乎都是在农场里度过的，对外面的世界知之甚少。如果不是因为关节炎的毛病，她想自己现在还在继续刺绣，也许不会拿起画笔画画。她选择刺绣只是因为自己喜欢，她选择画画也同样是因为这个原因，于她而言，喜欢才是最重要的，其他的她并不关心。如果让她建议的话，她只能说，做一件自己喜欢的事情总好过做那些不情愿的事情，因为在做自己喜欢的事情的时候，至少可以获得快乐。

　　摩西奶奶曾经在自己的自传开头这样说，在她年老的时候，镜子里的手臂已经干枯，脸上也布满了皱纹，她不得不承认时光带走了她生命中的许多东西，其中就包括她最宝贵的青春和健康。但与此同时，她也意识到，生命实在是一场曼妙无比的奇异之旅，她现在已经走到了人生的边缘，而且还在慢慢前行，她不知道自己还能走多远，但在回头观望自己漫长的一生的点点滴滴时，她不得不感慨，人生真是无比美妙。

　　在摩西奶奶看来，有时候，梦想太多，反而让人无法去好好地实现，因为人的精力是有限的，无法将所有的愿望都变成现实。对于摩西奶奶而言，她从来不曾有过什么大的梦想，也不曾有过什么野心，她只希望能够过好自己的每一天，只希望与家人永远和和睦睦地生活在一起。这些在别人看来或许不值一提的愿望，在她这里，却是异常珍贵的心愿，她十分感谢生活赐予她的每一份幸福，也在好好珍惜自己所拥有的这一切。

Chapter Six

生活就像槭树汁

家人是永远的后盾

摩西奶奶曾说，家人是她一生中最重要的陪伴，也是她生命中最宝贵的财富。无论在她失意还是顺意的时候，家人永远都不会离开她、放弃她。于她而言，家是温馨的港湾，而家人便是那港湾中最温暖的存在。

20多岁的时候，摩西奶奶遇到了自己生命中最重要的人，那个人便是托马斯。后来，她嫁给了托马斯，而在此之前，她从未想过他们会这样相遇、相知、相爱甚至相伴。60多岁的时候，她原以为会与自己一生相伴的丈夫托马斯却突然去世，当时她十分痛苦而又茫然。以后的日子，在摩西奶奶不断走向老年并迈向生命的尽头的时候，她才明白，即便托马斯已经不在这个世界，但是在她的心里，他将永远地活着。

在与托马斯相伴相守的几十年里，摩西奶奶度过了她这一生中虽然平淡，但却足够幸福的一段时光。在托马斯离开以后，她时常会想起他们一起走过的那些日子，这些昔日的美好回忆让她觉得无比幸福。后来在画画的过程中，她曾多次回忆起自己和托马斯年轻时的模样，那时的他们有着强健的身体、灿烂的笑容和对未来的无尽向往。这样的回忆在她日渐衰退的记忆中，有时只能持续几分钟，便变得模糊不清，但在回忆中，托马斯带给她的幸福，却是绵长的。

摩西奶奶时常将自己和托马斯之间发生的种种趣事讲给自己的女儿、孙儿和曾孙们听，她告诉他们托马斯是一个怎样的人，他是如何带着她一起建立了属于他们的家庭，并为家人的生活而付出了怎样的努力。在听完她的讲述后，他们忍不住感叹"托马斯真是一个好人，更是一个好丈夫、好父亲"。

在摩西奶奶的讲述里，托马斯变成了一个近乎完美的男人，让人忍不住为他着迷。她并非故意夸大事实，只是在她的回忆中，托马斯确乎是她描述中的那个样子，因为20多岁的时候，托马斯就是以最美好的模样出现在她面前的。

除了坐在画板前画画以外，摩西奶奶把自己剩余的时间都用在了陪伴自己的孙儿和曾孙们身上，她喜欢和小孩子相处，因为他们还未被这个世界磨砺，因为他们有着纯真可爱的脸庞和心灵。她曾说，晒太阳、带孩子也是她喜欢做的事情，而且她每天都会这样做。

对于这个世界上发生的一些大事件，摩西奶奶不甚关心，也没有太多的精力去关心。她的年纪大了，能做的事情也太少，她只希望自己的家人能够健康平安，他们的平安和幸福，是她努力活在这个世界上的最大支撑。

在与家人相互扶持的日子里，摩西奶奶感觉自己的生命就像春天向阳生长的树木一样，有着旺盛的生命力。无论是在顺境还是逆境中，摩西奶奶都没有放弃过自己的家人，而与此同时，她的那些家人也从来没有丢下过她。因为有他们的陪伴，她才会对生活充满信心，她的人生才因此有了支柱和依靠。

摩西奶奶常常对身边的人说："我们不仅要爱家人，也要爱自己。"爱，在摩西奶奶看来，是一个含义丰富的词语，爱的人可以很多，而被爱的人也可以有很多。她的小曾孙女曾趴在她的膝盖上，用她那双天真可爱的大眼睛看着她问道："要怎样才算是爱自己呢？"摩西奶奶笑着看着小曾孙女稚嫩的脸庞，然后用自己粗糙的手掌抚摸着她的笑脸说："爱自己就是要认清真正的自己，既不要抬高自己，也不要看低自己，这便是真正的爱。"

在很小的时候，摩西奶奶就意识到自己只是一个平凡得不能再平凡的小女孩，她觉得自己不够漂亮，也不够聪明，但是她并没有因此而感到沮丧，因为她知道自己纵使再平凡，也一定拥有别人所没有的独特之处。后来，在成长的过程中，摩西奶奶的人生依然延续着平凡的轨迹前行，她在农场日复一日地做着重复的工作，但她并没有觉得无聊，也没有因此就对人生感到失望，在仰望天空的时候，她知道只有自己看到过天边那道美丽的风景。

1949 年 2 月，摩西奶奶的小儿子休去世，在多年前送走了自己的小女儿安娜以后，她现在又送走了自己的小儿子。几十年前，摩西奶奶以为一定会是自己的几个儿女先送走自己，她根本没想到，人生从来无法预期，就像生死难料一样。不过，在 80 多岁的时候，摩西奶奶对于生死已经看得淡然，她知道死亡是每一个人迟早都会面临的结局，而她作为一个走在人生末年的人，早已对死别做好了心理准备。

在小儿子休去世后，摩西奶奶仍然坚强地活着，她依然每天坚持画画，生活对于她而言，是平静安然的。她从未想过自己能从80岁活到现在的90岁，在这之后的日子，每一个新的一天，于她而言，都是命运对她的额外眷顾。除了心存感恩，每天认真用心地生活以外，摩西奶奶已经没有太多的奢望。

1949年5月，摩西奶奶前往华盛顿特区去参加颁奖典礼，她因为在绘画上杰出的艺术成就而获颁女性全国新闻俱乐部奖，并得到了杜鲁门总统的接见。5月8日至6月9日，摩西奶奶在华盛顿特区的菲利普斯画廊举办了题为"摩西奶奶的画"的画展。6月，摩西奶奶接受了位于纽约州特洛伊的拉塞尔·塞奇学院授予的名誉博士学位，其画作也被收入爱丽丝·福特所著的《美国画报民间艺术：新英格兰到加州》一书。同年，里弗代尔面料公司开始根据摩西奶奶的画作生产商品，与此同时，阿特拉斯瓷器公司发布了根据摩西奶奶四幅画作而生产的一系列瓷盘。

1950年，为了庆贺摩西奶奶的90岁生日，一部由杰罗姆·希尔制作，埃丽卡·安德拍摄，阿奇博尔德·麦克利什解说的关于摩西奶奶的彩色纪录片播出了，还获得奥斯卡奖提名。同年6月至12月，摩西奶奶的画作第一次在欧洲展出，参展地包括维也纳、慕尼黑、萨尔茨堡、伯尔尼、海牙、巴黎，此次展览费用由美国信息服务公司资助。同样是在这一年，美国新闻界第一次共同庆祝摩西奶奶的90岁生日，纽约州的奥尔巴尼艺术学院为摩西奶奶举办了题为"摩西奶奶：90岁生日的画展"的纪念展。随后不久，摩西奶奶的故事被收录进让·李普曼和爱丽丝·温彻斯特合著的《美国的原始主义者画家》一书。

摩西奶奶在绘画事业上的成就越来越多，她的画作也得到了越来越多的人的青睐，很多商家都纷纷联系想要与她合作，但她根本就不懂这些事务，她的家人在这方面也毫无经验。于是，1950年，摩西奶奶委任奥托·卡里尔管理她的版权和商标。

1951年3月，摩西奶奶获得了宾夕法尼亚州费城美术学院的名誉博士学位。同年4月，摩西奶奶从老农场搬到更为舒适的马路对面的平房，她的女儿薇诺娜·费舍尔开始过来照料她。这一年，摩西奶奶91岁，她的身体一天比一天苍老，但精神状况却很好。因为有女儿的悉心照料，摩西奶奶无须为一些生活问题担忧，因而她每天能将大量的时间放在画画上。

画画的时候，摩西奶奶总是会长时间专注地坐在画板前，但因为年事已高，她无法再像以前那样长时间一动不动地坐在那里。通常，摩西奶奶画了一段时间后，会慢慢站起来在房间里或是院子里走动一会儿，活动一下身体和筋骨。有时候，因为在画画时过度专注，她常常会忘记适当地休息一下，等她发觉自己需要休息的时候，她的双腿早已经麻木，有时竟无法站起来。但这种情况并不时常发生，因为她的女儿总会在适当的时候来提醒她休息的时间，并会贴心地为她准备一些解乏的茶点。

摩西奶奶很庆幸自己在年轻时生育了几个孝顺的儿女，因为他们的照顾，她才会在丈夫托马斯去世后，仍然坚强地活了下来；也是因为他们的照顾，她才能够安然无忧地度过自己的晚年，并能够一心一意地画画。她时常会想，要不是自己的儿女们对她无微不至的照料，她可能早已经撒手人寰，更别说能在绘画事业上取得今日这般的成就。因而，在心底，摩西奶奶深深地爱着自己的几个儿女，同时也对他们充满了无尽的感激。

在摩西奶奶成为名人以后，时常有人问她一些关于人生感悟方面的事情，每每此时，她总是不知道该如何回答。因为摩西奶奶一直认为，自己不过是一个一生都待在农场里的老太太，她所知道的关于人生的道理都是她在农场生活里感悟到的，她不知道这些不足为道的经验是否同样适用于其他人。同样地，也有一些人问她有关生命意义的问题，摩西奶奶常常在沉思良久之后发现，自己竟然无话可说。她不是不愿给予他人合适的帮助和指导，只是她并不认为自己有这方面的能力，与其不负责任地给他人一个并不确切的建议，她更愿意缄默不言。因为她相信，即使没有她的意见，每个人都会在生活的历练中得到自己的人生经验和感悟。

在摩西奶奶度过的 90 多个年头里，她见过了许多事情，也经历了许多次的生离死别。她的丈夫在她 60 多岁的时候突然离开了她，她的那些老朋友们也一个一个地相继去世了，甚至连她的两个儿女也先她而去。在人生的这段时光里，摩西奶奶有很多次都因为失去而感到无比伤心和难过。但是到后来，她才逐渐明白，这世界上的每一个人在短暂的相聚后总是要各自走向离别，没有谁会永远地陪伴着谁。

在经历过这些离别以后，摩西奶奶学会了珍惜，珍惜自己的家人、朋友和每一个出现在身边的人。因为她深知，人生在世，相遇难，相伴难，而相守更难。离别转瞬即逝，唯有珍惜方能不留遗憾。

和槭树汁一样

摩西奶奶的一生丰富而又充实，很多人都为她晚年成名的励志故事而感动着、激励着。诚然，她的成名之路与她自身的传奇经历分不开，人们欣赏她的画的同时，也对她在接近 80 岁的高龄还能拿起画笔开始绘画的人生充满了好奇和赞叹。

成名以后，很多喜欢摩西奶奶画作的年轻人写信向她咨询一些关于人生的困惑问题，虽然信件很多，但她都会抽出时间来一一阅读，并力所能及地给他们一些适当的回复。摩西奶奶也曾经历过彷徨又无措的青年时代，因而她能够理解向她写信咨询的那些年轻人的心情，并愿意尽自己最大的努力来帮助他们找到属于自己的人生方向。

在这些来信中，有人向她询问人生，有人跟她讨论生活，也有人满腹牢骚、哀怨不断。虽然摩西奶奶不喜欢自暴自弃、怨声满天的人生态度，但是对于那些前来问询的年轻人，她还是保持着极大的耐心和理解。

在回信中，摩西奶奶总是婉转劝解，并用举例子的方式来鼓励那些年轻人。她说："在我们自怨自艾的时候，眼睛也总是只盯着生活中的不满意之处，其他的我们都看不见，或者是视而不见。当一个人因为失恋而万分痛苦时，他的心中所想眼中所见，便全是令他不愉快的瞬间。在这个时候，他会格外留意他旁边一对正在争吵着的父女，他会在意一个孩子因为摔了一跤而痛哭流涕的样子，他甚至会在看到一棵被风吹断的小树时而感到无限伤感。与此同时，他会在心底默默地想，这个世界实在不够美好。但是，当他逐渐走出失恋的阴影之后，或者在他即将迎来新感情的时候，他眼中的世界将会大大不同。他会看到那对争吵的父女又重归于好，他会看到那个跌倒的孩子在擦干眼泪之后又自己重新爬了起来，他会看到那棵被风吹断的小树又吐露出了新芽。相信这时，他会对自己的生活学着宽容起来，并对自己的人生充满希望。"

在收到了很多来信，并回答了来信者的诸多问题后，摩西奶奶开始考虑将自己的人生故事写出来。她知道有太多的人对她的生活感到好奇，对她的人生感到惊讶，她想自己有必要去为他们做一个统一的回答。而与此同时，她觉得自己漫长的一生也确实需要一个总结，她怕等到自己老得连路都走不动的时候，会忘记自己几十年前曾经历过的一切，她需要对自己的人生有个交代。于是，在画画之余，摩西奶奶开始着手撰写自己的人生传记。

1952 年，在摩西奶奶 92 岁的时候，她终于写完了自传，并将这本传记命名为《我一生的历史》。随后，奥托·卡里尔进行了编辑加工，将书名更改为《摩西奶奶：我的生活的历史》，这一年，这本传记顺利出版了，还被改编成电视节目在《实况戏剧》

播出，由莉莲·吉什饰演摩西奶奶。

1952年12月，圣艾蒂安画廊发布了摩西奶奶的简短回忆录《圣诞节》。在回忆录中，摩西奶奶讲述了和家人一起度过的圣诞节时光，也简要地回忆了自己的生活。摩西奶奶的文字如同她的画一样，质朴清新，给人以美好的感受，让人对生活不由得充满了热爱。这就是她的人生态度，无论是画画还是写作，无论是开心还是失意，她总能给人以积极的能量、热情的鼓励。

1953年，摩西奶奶应《纽约先驱论坛报》的邀请出席活动，并担任主讲嘉宾。当年的10月20日，摩西奶奶又被《时代》杂志选为封面人物。一些商家看到了摩西奶奶的商业价值，因而比之前更为积极地去找她洽谈，都希望能够与她展开合作。皇冠陶器公司便是寻求与摩西奶奶进行合作的众多公司中的一家。经过努力协商，摩西奶奶同意将她的画作《回家过感恩节》用于制作这家陶器公司的家具上的装饰图画。这批家具在感恩节的时候推入市场，得到了很多人的喜爱，因而销路极为可观。

1954年到1955年，也就是在摩西奶奶94岁至95岁这两年期间，史密森学会为美国新闻署举办了一场名为"17世纪以来的美国原始主义者绘画"的欧洲巡回展览。在此次展览中，摩西奶奶的五幅画作被史密森学会选中，并在卢塞恩、维也纳、慕尼黑、多特蒙德、斯德哥尔摩、奥斯陆、曼彻斯特、伦敦和特里尔等地巡展。

1955 年，摩西奶奶接受《现在请看》电视系列节目主持人爱德华·默罗的采访，该节目于当地时间 12 月 13 日播出，收视率很高。在摩西奶奶 95 岁生日之际，托马斯·J.沃森和 IBM 美术部为了向她表示庆贺，于当年的 11 月 28 日至 12 月 31 日，特地在纽约的 IBM 画廊做了《向摩西奶奶致敬》的演说；摩西奶奶也受邀前往纽约参加了此次演讲的开幕式。至此，她的生日已经是第三次被全国媒体积极关注了。

1956 年，摩西奶奶受艾森豪威尔总统的内阁委托，为纪念艾森豪威尔就职三周年进行绘画。同年，摩西奶奶的画作《四季》被唐纳德艺术公司制作成四色复制品出版。因为摩西奶奶的名气一天胜过一天，所以她的画作和相关的商品，在市场都很受欢迎。有些新品在出售的当日就售罄，很多商家因此大获其利。

1957 年 5 月 6 日至 6 月 4 日，纽约圣艾蒂安画廊举行了题为"摩西奶奶：1955—1957 年间欧洲展览作品的纽约展示"的展览，历时一个月。此次展览将摩西奶奶此前用于参加欧洲展览的一些作品相继展出，数量之多，种类之盛，可谓前所未有，闻讯前来观看的人也络绎不绝。

1958 年，摩西奶奶的女儿薇诺娜·费舍尔于 10 月 14 日去世。这是摩西奶奶目睹自己的第三个子女离世，虽然她对生死已经看得淡然，但是突如其来的离别还是让她倍觉哀伤。女儿薇诺娜·费舍尔在生前一直都对自己的母亲敬爱有加，她将母亲的生活安排得井井有条，因为她的存在，摩西奶奶才能够无所牵挂、心无旁骛地从事自己的绘画事业。而现在，女儿突然离世，摩西奶奶觉得自己不仅失去了亲爱的女儿，也同时失去了一个得力的助手，因而她在女儿离世后，总会不时地感到不适应，悲伤也会不时向她袭来。

在摩西奶奶的女儿去世后不久，她的儿子福瑞斯特和儿媳玛丽开始搬过来照料她的生活起居。在摩西奶奶为女儿的离世感到悲痛的时刻，她也在庆幸，自己还有其他儿女可以相伴。纵使她不知道这种母子间的相伴相依还能持续多久，纵使她不知道自己还有多少的时间可以留在这个世界上，她依然热爱着生活，并极力乐观地过好每一天。

1959 年，摩西奶奶年满 99 岁，下一年她就将迈入百岁的门槛。在这一年，摩西奶奶的画作被收录进《现代原始主义者：朴素绘画的大师们》一书中。同年，她的画作《我最喜欢的六幅画》组合以六色复制品的形式出版上市。

90 岁以后，摩西奶奶的人生发生了诸多的变化，她的经历也丰富了许多，她作为一名画家的知名度在美国也迅速攀升，她不再是那个天天待在农场作画的安静的老太太，她的生活除了画画外，还多了许多交际和巡讲的行程。在别人眼里，摩西奶奶是一个著名的画家，而在她自己眼中，她只是一个上了年纪、行动有些笨拙的老太太而已，她有吃喝拉撒的平凡日常，也要面对生老病死的残酷现实。

即便年岁已高，但摩西奶奶仍然坚持每天去村里溜达一圈，她喜欢一个人听听鸟叫，看夕阳缓缓地落下山头。有时候，生命中的那些美丽和感动，只有在静默的时刻才能感受得到，而摩西奶奶尤其喜欢这样的独处时刻。那是只属于她一个人的时刻。她站在自然中旷野里，呼吸着新鲜的空气，感受着清凉的山风，一切都是那么美好。

有时候，摩西奶奶因为看风景而忘记了回去的时间，她的儿子就会带着孙子和孙女前来找她。通常她走到村口的时候，就能看到他们朝她走来的身影，那个时刻，摩西奶奶心里会涌出莫名的感动。在她独自看风景的时候，她觉得自己仿佛孑然一人，宇宙间似乎也只剩她一个人。而等到她在归来的途中，看到自己的儿子和孙儿们的时候，她才恍然觉得，无论何时，她都不是一个人，即便在她一个人独处的时候，她也是和自己的家人们紧紧连在一起。

在 90 岁至 100 岁这十年间，摩西奶奶作为一个画家的名声越来越大，她的财富和地位也随之有了显著的变化。这个十年，完全可以称作"摩西奶奶的十年"。在这十年里，她的生活的历史也随着她的画作而不断向外界展开，她对于生活的努力和用心也在这段历史里得以向世人展示。

有很多人对摩西奶奶的人生感到好奇，也羡慕摩西奶奶所取得的成就，在他们的心中，她就像是一个神话，有着不可抗拒的吸引力。但在摩西奶奶看来，她和大多数上了年纪的老太太一样啰唆，一样平凡，她需要家人的照顾和陪伴，也需要别人的理解和安慰；除了会画画以外，她认为自己并没有任何不同。就像原本普普通通的槭树汁一样，只是因为经受住了烈火和时间的煎熬，最终才成了美味的糖浆。摩西奶奶的人生也是如此。

人生就像一幅永远也画不完的画

摩西奶奶不仅在美国极负盛名，而且在欧洲也有着很高的声望，然而对于这一切身外之物，摩西奶奶看得极为淡然。在平淡充实的日子中，摩西奶奶专心地画着画，做着自己喜欢的事情，日子一天一天从指缝溜走，她也安详地过着自己平和愉悦的晚年。就这样，摩西奶奶幸运地迎来了自己的100岁生日。

1960年，在摩西奶奶100岁生日之际，时任纽约州州长的纳尔逊·洛克菲勒宣布将摩西的生日定为纽约州的"摩西奶奶日"；同年9月12日至10月6日，IBM画廊在纽约为她举办了画展，题为"我的生活的记录：摩西奶奶画作的私人藏品展"，在展会上，100岁高龄的摩西奶奶还和她的医生一起跳了一段高雅的吉格舞来予以庆祝。

步入生命中的100岁，于摩西奶奶而言，就像是获得了某种人生的至高荣誉。她不曾因为画画带来了极高的名望而过多窃喜，也没有因为自己的人生在老年发生了翻天覆地的变化而暗自庆幸，但是当她年满100岁的时候，她却充满了感动和自豪。她历经了100年的风风雨雨，看过了人世的几轮变换，许多人离开了，又有一些人来到了这个世界，但在此期间，她一直都在。

在70多岁的时候，摩西奶奶曾经心想，只要自己能够活到

80 岁便心满意足了。等到她迎来了自己 80 岁生日的时候，她又在心里对自己默默许诺，只要能够活到 90 岁，她就毫无遗憾了。在她 80 岁的时候，她就已经领悟了生活的真谛和人生的意义，于她而言，活着就是一种幸运，活着就是一种幸福。

在摩西奶奶年满 100 岁的庆典行程结束后，她又回到了鹰桥镇和自己的家人一起继续过着平静且充实的生活。事实上，摩西奶奶并没有觉得 90 岁和 100 岁的人生在她的身体状态上有任何显著的不同，但是在心底里，她却觉得自己已经跨越了生命的某个分水岭，她的灵魂似乎都得到与生命同等高度的升华。

100 岁是个奇迹，有时连摩西奶奶自己也不由得暗自惊叹："天哪，我竟然来到这个世界 100 年之久了，我竟然已经看过了100 年的风景，而且还将继续地活下去，我的人生就像一幅永远也画不完的画！"

摩西奶奶常常梦到托马斯，他还是站在那块青绿的草地上，对着她微微地笑着。在梦里，托马斯的样子一直不曾改变过，就像她对别人描述的那样，永远是那么温暖、善良。时间恍然，而今距托马斯去世已经 30 余年，她却从来没有一刻忘记过他。

在连续梦到托马斯的第五个晚上，摩西奶奶从睡梦中醒来，望着窗外的幽幽月光，想起来了年轻时他们一起度过的那些日子。虽然她一直都将托马斯放在她的心中，但是她已经很久没有想起他们年轻时一起携手走过的那些美好的日子。回想着过去的种种，摩西奶奶只觉得往事如梦、时光如水，心中不由得有些伤感。

有很长一段时间，摩西奶奶频繁地被邀请到各地区参加画展，或是去担任演讲嘉宾，她的生活忙碌得让她没有多余的时间去回忆，因而她忽然觉得有一些身不由己的无奈。在选择画画之初，摩西奶奶只是单纯对画画感兴趣，她只是想要在空闲的时间里去做自己喜欢的事情。在最开始的几年里，摩西奶奶确实在画画中度过了一段安然、惬意的时光，那时她的全部心力都用在画画上，除了画画，她无须为任何其他的事情伤神费心。

随着摩西奶奶在绘画事业上取得突破和成功，她的人生发生了一些大大小小的变化，她的生活节奏也被忙碌的行程打乱。除了将自己的心力用在画画上，摩西奶奶还需要去关心其他与画画相关的事情。为此，她感到格外疲惫，甚至在画画的时候，也显得有些力不从心。她深知自己并非是年龄大了的缘故，也不是辛苦工作的原因，她只是心累了。

夜深人静的时候，摩西奶奶一个人躺在床上，思考着很多事情。就是在这些辗转难眠、独自思索的夜晚，她才对自己的人生有了新的反省，也对自己的生活有了新的规划。年轻的时候，摩西奶奶就很喜欢简单、质朴的生活，因而她才情愿一生都待在农场，而没有丝毫的不甘。她喜欢农场自由自在、无拘无束的生活，在这里，她可以做自己喜欢的任何事情，没有丝毫的负担，也不会有任何的羁绊。

摩西奶奶常常觉得，现在的自己就像是一个被人关在笼中的鸟儿，任人指点，随人观赏。天空虽然就近在咫尺，可是作为鸟儿的她却无法飞上蓝天，她只能看着全然丧失了自由的自己一天天衰老，一天天沮丧。甚至，有的时候，只要一想到这令人心烦的一切，她连提起画笔的念头和心情都没有了。

在一个晴朗的冬日午后，摩西奶奶提着托马斯生前最爱喝的果子酒来到了他的坟前看望他。她已经有一段时间没有来看他了，她不知道自己频繁地梦到他，是不是与她来看他的次数少了有关；站在托马斯坟前的时候，她在心里默默地对他说着"对不起"。

因为是冬天的缘故，摩西奶奶看到托马斯坟头的那些青草已经枯萎，他的坟前也落满了黄叶，有的已经腐烂，有的还保留着枯叶的形态。她动手将托马斯坟上的一些杂草拔去，然后坐在坟旁，跟他絮絮叨叨地说着她的生活琐事。在托马斯的坟前，她一坐就是几个小时，于她而言，没有人会比托马斯更懂她，她愿意将自己的烦恼和心事向他一一倾诉。临走的时候，摩西奶奶将来时带的果子酒洒在了托马斯的坟前，那是她在秋天亲手酿制的，味道很好，她相信托马斯一定会喜欢。

从托马斯那里回来后，摩西奶奶对自己的人生做了新的规划和安排。她告诉自己的代理人，以后她将减少许多商业活动，一些画展她也不打算再参加。她老了，也累了，所以希望有更多的时间去放松自己，或是去做自己真正喜欢的事情。人生太短，生命太匆匆，她不愿意再浪费，也浪费不起。从现在起，摩西奶奶决定好好地去享受自己的生活，享受与家人在一起的宝贵时光，也享受自己一个人独处时那难得的自由和惬意。

摩西奶奶曾说："成功对于我而言，只是一个陌生而空洞的概念。在未成功之前，我从来都没有想过自己是否会成功，我也没有想过自己是否能获得更大的名声，因为这些对于我来说，都是无关紧要的。我只是钟情于绘画才选择了绘画，仅仅是因为喜爱，或者说，是为了让我的生活变得充实而已。"

如果当初没有选择画画，摩西奶奶也会去做一些其他喜欢做的事情，比如饲养一群鸡鸭，比如在院子里种一些花花草草，比如去做各种口味的果酱……总之，不论她选择做什么，这些事情都一定要是她喜欢的，是她愿意付出时间和精力去做的。是的，热爱才是最重要的事情，她不会因为什么别的原因，去做一些自己不喜欢做的事情。

因而，摩西奶奶总是希望，那些看到她画的人，能够从中得到一些真实的安慰。摩西奶奶在画画上取得了成功，获得了很好的名望，许多人认为她之所以能够得到这些东西，是因为她本身就想要得到这些东西。但其实并非如此，摩西奶奶之所以选择画画，不是为了名望，也不是为了财富，而是为了让自己在不断流失的时光里能够感到充实、感到安稳，仅此而已。

正如摩西奶奶所说的那样，很多聪明的人总是将生活当作了一场与命运之间的博弈，他们在做任何事情的时候，总是会事先在心里权衡这件事情给自己带来的利弊。但是有些事情并非他们精心思考就能预料到结果的，不去努力争取，一切的奢望都将只是黄粱一梦。

摩西奶奶从小就是一个天真单纯的人，她不愿意斤斤计较，也不愿意步步为营，她只想依自己的初心去热爱生活，去追逐自己的梦想。在很小的时候，摩西奶奶就对绘画有着浓厚的兴趣，只是那个时候她没有钱购买画笔和颜料，以至于她常常用一些果酱和葡萄来画画。对于绘画，她是发自内心的热爱，也为之付出了很多常人所不能及的精力和心血。

对于摩西奶奶来说，100岁的生命是圆满，而100岁以后的生活依然在继续。纵使年龄不断变化，她对生活的热爱从来不曾改变，她对梦想的坚持也丝毫不会有所懈怠。

造就了一位作家

随着摩西奶奶的画作被很多人追捧，她本人的励志故事也被越来越多的人视为奇迹和榜样。每天都有很多人来拜访她，或者从遥远的地方寄来信件。摩西奶奶认真热情地接待每一个人，她希望尽最大的可能将自己的温暖与力量传递给每一个需要她帮助的人。

在给摩西奶奶写信的一些成年人之中，有些人常常以哀怨的口吻在信中向她抱怨自己那暗无天日、碌碌无为的生活。在阅读他们的来信时，摩西奶奶的脑海中常常也会随之展开一幅幅相应的画面：这些对生活毫无热情的人，神情沮丧地坐在一把破旧的椅子上，从他们空洞无神的眼神中，她似乎能够看到，他们正在思考着自己黯然而又无比空虚的人生。

有些成年人在抱怨自己的生活时，曾经在信中这样说道："我们年轻时曾拥有的那些梦想早已经随着时光散去，而我们现在的生活简直太令人讨厌了，我感觉生命就好像一条狗一样。"

其实，于摩西奶奶而言，她对这些人不负责任的抱怨有一些厌烦，因为她觉得这些成年人还不明白发生在自己身上的那些事情的意义。他们所向往的生活实则是一点一点地被他们自己所放弃了的，在他们曾经与梦想最接近的那些时刻，他们却被金钱、地位和各种物质所诱惑。在那时，他们并没有意识到梦想的可贵，而等他们终于有所醒悟的时候，一切已经来不及了，梦想早已在此前某个时刻离他们远去。

在这些习惯抱怨的人深感疲倦的某个时刻，可能是在吃饭时，可能是在睡觉前，他们回想着自己年轻时代的种种梦想，看着现在的自己与梦想中的样子相去甚远，于是，他们只能低头叹息，他们只能强忍着自己心中的失落与不甘，因为一切都已经太晚。

这样的情况，发生在许多人身上。在摩西奶奶看来，这其实不难理解，年轻人进入社会以后，他们想要的东西常常会超出他们能得到的，因而理想与现实之间的落差就会越来越明显，他们的失望就会越深，抱怨也会越多。

摩西奶奶不愿意看到这些人如此颓丧，她想尽自己的一切努力来帮助他们走出困境，但令她感到为难的是，她常常无法一一写信去回复他们。她的时间有限，更何况她的年纪大了，已然没有太多的精力让她去回复每一封信件，于是她只能更加努力地在她的画作中投入更多的心力和情感。她喜欢用一些明快的色彩来画出那些欢乐的场景，在她看来，明亮的色彩能给人一种慰藉和希望。她希望那些她未能给以适当回复的成年人，能从她的画中，找到一点信心和宽慰。

摩西奶奶的努力果然没有白费，有很多人在看了她的画以后，又重新对自己的生活充满了信心，也对自己的人生充满了希望。

她的劝慰和苦心终于被一些人接受，也对他们的人生产生了实际的影响，这让她深感欣慰。

摩西奶奶力争以自己的善良和温暖，来对待每一个需要她帮助的人。在她帮助过的众多年轻人中，就有日本知名作家渡边淳一，没有摩西奶奶的鼓励，或许就没有现在这个因写小说而被人熟知、敬仰的他。

渡边淳一，1933年10月24日出生于日本北海道上砂川町，其上有一个姐姐，下有一个弟弟。父亲铁次郎来自煤矿区，是一名苦读有成的高中数学老师，母亲则是当地一个大商家的小女儿，由于她没有兄弟，两个姐姐又跟人私奔了，便决定招赘。因而，渡边淳一的姓氏就随了母亲。

渡边淳一回忆过自己的家庭情况："我的父母都出生于明治四十年（1907），母亲活泼而善于社交，相较之下，父亲是一个自制而沉稳的人。我不知道远在古老的战前，父亲以何等曲折的心理去扮演入赘女婿的角色。不过，我记得祖母把乡下土地的绝大部分，跳过父亲那一代，直接登记在我的名下。祖母死后，我们成了地主，父亲每个月都要去乡下收地租。"

由此可见，渡边淳一的家庭在当时的日本还算得上是富裕水平，虽然身在一个富裕的家庭，但是渡边淳一并不快乐，苦于家庭对他的约束，他无法选择自己真正想做的事情，也无法去追求自己想要的那些梦想。在渡边淳一很小的时候，他的人生就被他的父母设定好，他无须做太多的努力，只要顺着这些父母为他铺就的捷径就能过上很好的生活。但是，他心有不甘，不愿意违背自己的心意，即使锦衣玉食、荣华富贵的人生也无法让他在梦想前屈就。

渡边淳一还在札幌一中读初一的时候，他就对文学萌生了极大的兴趣和热爱，并在老师的引领下，对文学有了更深入的学习和见解。在初中和高中学习的六年里，渡边淳一读了不少日本小说，从川端康成、太宰治、三岛由纪夫，直到所谓的"战后第三波新人"的作品，都在他涉猎之列。他最爱川端康成的美感及理直气壮，对芥川龙之介则感到无聊透顶。不过，他向来认为自己只是一个平凡的读者，当他成为北海道大学理学院的新生后，十分羡慕文学院的"文学青年"，他为自己无缘坐在研究室中全力读文学，只能看一些枯燥的理化教材而感到缺憾。大一、大二两年，渡边淳一读了海明威、哈地歌耶（享年仅二十一岁的法国早熟作家）、加缪等人的作品，其中加缪简洁的文笔，令他大为倾倒，《局外人》是他唯一连续三次重读的小说。在北海道大学读完两年所谓的"教养课程"后，渡边淳一进入札幌医科大学。这段时间，他接触到法国作家萨特的作品，令他耳目一新。萨特、加缪、川端康成三人是渡边淳一最欣赏的作家。

按照渡边淳一自己的想法，他以后想要从事的是与文学相关的写作工作，因为他在很早的时候，就梦想能成为一名优秀的作家；他喜欢文学，喜欢看书，也希望有一天能够写出一本属于自己的书。然而，渡边淳一的这个想法很快就被自己的父母否决了，他们希望他能够找一份更为稳定的工作。面对父母的强迫，渡边淳一也曾经反抗过、挣扎过，但是最终他还是在压力下选择了一份医院的工作。

曾经有一段时间，渡边淳一放弃了自己的文学梦，他觉得自己的人生已经被定格，想要改变几乎没有可能。日子就这样一天一天地过着，渡边淳一每天按时上班，准时下班，在医院的工作于他而言，只是一种消磨时间和维持生活的必需，他无法热爱，也难以舍弃。

就这样过了很久，渡边淳一一直过着行尸走肉、毫无激情的生活，直到有一天，他看到了摩西奶奶的画，并看到了那些介绍摩西奶奶的报道和文章。那一刻，他的血液都在沸腾，整个人在那一瞬间也变得豁然明朗了，摩西奶奶就好像是他黑暗生命中的一盏明灯，忽然间就点亮了他的人生。

渡边淳一不仅喜欢摩西奶奶本人的励志故事，而且也因为摩西奶奶的追梦之路而对自己的人生有了新的希望。他曾经无数次地想过重新开始，但是他觉得自己已经不再年少，有些梦想已经离他远去了，因而他也逐渐地放弃了希望，失去了信心。在看到摩西奶奶的故事后，虽然内心备受震动，也从中获得了一些力量，但是他仍然有些犹疑，不知道自己该不该放弃现有的一切，去重新开始找寻自己当初的那个梦想。他甚至不知道自己如果这样做，到底值不值得。

在这种复杂的心情的驱使下，渡边淳一给摩西奶奶写了一封信。在信中，他向摩西奶奶倾诉道：他现在已经快 30 岁了，他想做自己喜欢的写作工作，但是苦于家人的阻挠和现实的残酷，却只能成为一名并不热爱自己工作的医生；他现在不知道该如何抉择，不知道是该选择父母赞成的那份稳定的工作，还是去做自己喜欢的事情。

摩西奶奶被渡边淳一打动了，在信中，她看出了这个年轻人的真诚，也感受到了他的苦恼。虽然她从来不会为别人的人生做规划，但她还是很想帮助这位年轻人。于是，摩西奶奶抽时间给渡边淳一回了信，在信中给了很多建议，并鼓励他好好生活，努力地去做自己喜欢的事情，哪怕他现在已经 80 岁了。

这封信寄出去以后，摩西奶奶在心里默默祈祷，希望这位年轻人能够遵从自己的初心，勇敢地去做自己喜欢做的事情，并最终能够实现自己的梦想。渡边淳一果真没有辜负摩西奶奶的期望，在她的鼓励下，他辞掉工作来到了东京，并开始专门从事写作工作。

就这样，渡边淳一凭着自己的坚持和努力，凭着自己对文学的深深热爱，更是凭借着摩西奶奶对他的真诚鼓励和劝慰，走上了文学创作之路，写下了诸多精彩的文学篇章，最终成为一位知名的作家。此后，渡边淳一不仅在日本，乃至在全世界都成了一名备受关注的作家，他的小说在读者中反响热烈，并常常能够引领一时的风潮。

摩西奶奶逝世多年后，华盛顿博物馆于 2001 年为其举办了一场题为"摩西奶奶在 21 世纪"的展览，共展出国内外收藏的 87 件摩西奶奶经典画作和遗物，再次引起巨大反响。此次展览中，摩西奶奶的一件私人藏品得到了人们的热切关注。这件吸引了诸多观众的私人藏品其实只是一张明信片，于 1960 年寄出，收信人是一名叫春水上行的日本青年。

明信片上有摩西奶奶亲笔画的一座谷仓和赠言："做你喜欢做的事，上帝会高兴地帮你打开成功之门，哪怕你现在已经 80 岁了。"原来，春水上行是一名札幌医学院毕业生，但他酷爱文学，从小想当作家，在医院当外科大夫让他很无奈，他不知该不该放弃这份令人厌倦却收入稳定的工作，去从事自己喜欢的写作。28 岁的他给仰慕已久的摩西奶奶写信，希望得到指点。这封信让老太太很感动，因为平时多数来函都是恭维溢美之词，这封信却向她讨教人生难题。虽然她已经 100 岁了，还是给小伙子写了回信。事实上，春水上行就是渡边淳一，而这张明信片就是摩西奶奶寄给他的回信。

其实，不止渡边淳一，摩西奶奶帮助过的人还有许多许多，只是她不愿意将这些往事拿出来与他人共享，并作为自己炫耀的资本。摩西奶奶最期望的，是那些曾经被她帮助的年轻人们，能够遵循自己的内心，勇敢地去追逐自己的梦想，她希望他们能够最终找到内心的宁静和快乐。

摩西奶奶说过，对于生活，一定要发自内心的尊重与热爱。她尊重她的生活，热爱她的梦想，因而她能够快乐地生活，高兴并满足地度过自己生命中的每一天。对于一切从她生命中经过的那些人和事，她都会学着去接受，学着去热爱，学着去微笑接纳，因为这些都是生活馈赠给她的财富，独一无二，珍贵无比。

过了 100 岁以后，摩西奶奶的双眼已经不再清澈，双腿也不再灵活。然而，越接近人生的尽头，她就越来越清晰地意识到，自己所走的是一条怎样的道路。每每此时她又想起了自己的父亲，想起他曾经对她说过的那些话。她觉得父亲说的是对的，只有认真向前看，才能找到属于自己的路，而摩西奶奶认为，要看清自己脚下的道路，需要的不仅仅是眼睛，还有自己的心。

在摩西奶奶眼睛昏花，无法看清楚周遭的一切的时候，她恍然觉得自己竟然比年轻的时候更加明白自己所处的境地，也更加清楚自己想要的究竟是什么。眼盲心则明，摩西奶奶在那个时刻忽然明白了，有时候，有些失去恰恰是为了更好地得到。

每天都有人问摩西奶奶：什么时候开始自己的梦想才不算太晚？就连她年仅 7 岁的小曾孙女也时常问她：自己是不是也可以像曾祖母一样去画画？

　　对于这些问题，摩西奶奶的回答都是一样的，她说，任何人都可以画画，任何年龄的人都可以画画。同样地，任何怀揣着梦想的人都可以去追逐自己的梦想，在任何时候都可以去追寻自己的梦想。

　　许多人不明白这个道理，总觉得年纪大了再追寻梦想就一切都太晚了。但于摩西奶奶而言，人生的任何时候都不算太晚，只要敢于开始，梦想就有实现的可能。就如同摩西奶奶在接近80岁时决定画画一样，她打定主意就去做了，没有半分的犹豫和彷徨，而事实证明，她做到了。

这样的人生还有什么不满足

摩西奶奶说，这个世上，永远不会有再一次重新开始的人生，每过去一天，生命就失去了一天，那些快乐的时光也就随之减少了一天。

摩西奶奶总是告诫别人，面对人生的不如意的时候，要多从自己的方面去想一想。她并非是要人们去进行所谓的自我批评，而是想要人们自己去认清事实，让自己去寻找原因，解答疑惑。每个想要获得幸福快乐的人，绝不能将希望押在其他人的身上，他只能靠自己。

每个人的心就好像一个空杯子，往里面倾倒什么，最后就会获得什么。摩西奶奶说，她总是喜欢往自己的杯子里倾倒幸福和快乐，所以在生活的每一天里，她总会感到由衷的满足和快乐。

在摩西奶奶看来，幸福是一点一点积累起来的，每天快乐一点点，那么自己的整个人生就会获得很多快乐，相信生活也会因之充满了乐趣，充满了希望。这种幸福感并不是转瞬即逝的，而是可以长久持续下去的。正是怀着这种乐观的态度，摩西奶奶才得以长久地感受到幸福，她才能够以一颗热爱一切的心来包容生命中的不美满，她才能够坚持着自己的初心去做自己喜欢的事情。

1961 年 7 月 18 日，摩西奶奶突感不适，随后被家人送到纽约州胡西克福尔斯的卫生服务中心接受诊疗。家人将摩西奶奶送到医院后，医生为她做了详尽的检查。不久，检查结果出来，医生通知摩西奶奶的家人，说她的身体状况不是很乐观。听到这个消息后，摩西奶奶的家人都以为她的时间不多了，就连摩西奶奶自己都认为，不久后她会悄悄地离开自己的家人，并不得不向这个她无比热爱的世界告别。

然而，摩西奶奶竟然奇迹般地好了起来。没过几天，她就可以自如地下床走路，并能够进厨房准备晚餐，甚至还一个人走在田野间的小路上去欣赏落日晚霞。

那是摩西奶奶感觉自己最接近死亡的一次，有了那一次的经历后，她忽然明白，其实她早就做好了离开这个世界的准备，她并不害怕死亡。只是，在死亡真正来临的那一刻，她对这个世界依然十分留恋，因为这里有她热爱的家人，有她热爱的梦想，有她热爱的生活，有她热爱的一切。

摩西奶奶深知，死亡是每一个人生命的终点，任何人在经历一番艰苦的跋涉和游历之后，终将抵达那里，没有人能够例外。所以，她做好了准备，也在此后幸存的每一天更加珍惜命运馈赠给她的时间。

一个人独处的时候，摩西奶奶除了画画以外，也喜欢回忆，那些从前的往事像流水一样缓缓地流过她的心田。尽管历经生活的种种不幸，但摩西奶奶始终知道自己想要成为一个怎样的人，并且想要在她仅剩不多的生命里，去做怎样的事情。

时光一天天流逝，摩西奶奶的头发已经完全白了，发丝也逐渐变得稀少，她脸上的皱纹已经很深，眼睛也失去了往日的光彩。看着镜子中一天比一天衰老的自己，她常常在想，不知道自己究竟还能活多少时日，也许在某一天熟睡时，或者正在调画画用的颜料时，她就会突然地离开人间。对于这样的想象，摩西奶奶并不感到害怕，也不会为此而深感担忧，因为她这一生，已经没有丝毫的不满或者是遗憾了。

1961年，在摩西奶奶101岁生日之际，时任纽约州州长的纳尔逊·洛克菲勒再次宣布她的生日为纽约州的"摩西奶奶日"。同年，由摩西奶奶绘图的《摩西奶奶的故事书》出版上市，书中的故事和诗由28位作者创作，由诺拉克·莱默担任编辑，奥托·卡里尔撰写传略。

此后不久，摩西奶奶健康告急，再次被家人送入纽约州胡西克福尔斯的卫生服务中心。此后，经过一段时间的治疗，摩西奶奶的病情基本稳定，但鉴于她年事已高，病情随时有可能发作，医生叮嘱仍需住院观察。于是，剩下的一段日子，摩西奶奶就在卫生服务中心度过。

住院期间，虽然摩西奶奶的病情没有大的变化，但也一直没有好转的迹象。此前，医生已经嘱咐她的家属，要随时做好她离世的一切准备。在卫生服务中心的这一段日子，摩西奶奶仍然乐观坚强地过着属于自己的每一天。

在医院的病房里，摩西奶奶经常讲一些故事和笑话来逗其他病友开心，只要他们能够一展笑颜，即使再卖力再辛苦，她都觉得值得。每次在讲完一个故事和笑话后，她总要仔细地观察病友们的神情，要是她发现别人都在大笑的时候，有个别人的眉头仍然深锁着，她就会将更多的关心和温暖给予那个人。

有时候，摩西奶奶在夜里躺在床上难以入睡，她就干脆从床上爬起来，去前台陪那些值班的护士聊天。她知道这些护士为了他们这些病人昼夜不停地工作，很是辛苦，她想要尽自己的心意去陪陪他们，并能给予他们一些适当的关心。护士们都特别喜欢摩西奶奶，对她的画也很喜欢，摩西奶奶得知后，就让家人将自己画画用的工具带到医院里，只要身体没有大碍，她就会坐在病床上为护士和病友画一些画。看到护士和病友在得到她的画以后，那种高兴的笑容，她也不由得感到高兴、感到幸福。

虽然一直在和病魔进行着顽强的抗争，但 1961 年 12 月 13 日这天，摩西奶奶还是永远地离开了。她走得很安详，那双慈爱的眼睛就那么轻轻地合上了，像是睡着了一样，但是，站在她床前的亲人们都知道，她已经永远地离开了他们，并永远地离开了这个世界。这一年，她 101 岁。

摩西奶奶去世后，很多人都因为她的离去而感到悲伤，因为她是如此可爱而又温暖的一个老人。她是一个画家，但她从来都没有将自己视为高高在上的一个人物；在她的眼中，所有人都是平等的，她爱每一个人，因而人们也同样深爱着她。

1962年，克莱门特·摩尔所著的《圣诞前夜》出版问世，书中的插画都是摩西奶奶在1960年至1961年所画。此后，这本书便成了儿童电视节目《袋鼠船长》中每年假期必会播放的内容。同年11月至12月，圣艾蒂安画廊在纽约举办了题为"摩西奶奶：纪念展"的画展。

1962年至1964年，为纪念摩西奶奶，题为"40张照片记录一个生命的历史"的欧洲巡回展在维也纳、巴黎、不莱梅、汉堡、哈默尔恩、富尔达、杜塞尔多夫、达姆施塔特、曼海姆、柏林和法兰克福等多个城市举行，最后在纽约的海默画廊圆满结束。

1966年至1972年，摩西奶奶的儿子福瑞斯特和妻子玛丽居住在位于鹰桥镇老农场的房子里，这所房子还是摩西奶奶和丈夫托马斯从弗吉尼亚返回后买下的，在托马斯离世后，摩西奶奶只住了几年就搬走了，此后再也没有人住过。摩西奶奶的儿子福瑞斯特和儿媳玛丽搬回来以后，对房屋内部做了一些改造，以专门用来展出摩西奶奶的纪念品。

摩西奶奶曾说："我相信，人生的意义并不在于最终得到什么，而在于经历了什么。当我们站在人生的终点，回望自己走过的那些道路时，一路上，我们在过去的时光里播撒了幸福的种子，那些微小的但是通过我们的努力已经实现了的梦想，在回忆的清风中徐徐上扬，这样的人生还有什么不满足，还有什么不幸福的呢？"

回望摩西奶奶的一生，从贫穷人家的女儿到农场女佣，再到托马斯的妻子，直至成为几个孩子的母亲，甚至后来又成为祖母和曾祖母，她在自己漫长的一生里，始终都怀抱着对生活的热爱、对梦想的坚持以及对生命的崇高敬仰。

摩西奶奶在 1961 年与这个世界告别，但人们将永远记住她，就像记住她的画一样，满怀敬意，深刻久长。

图书在版编目（CIP）数据

槭树汁熬糖：摩西奶奶一生的故事 / 徐丹著 . -- 北京：台海出版社 , 2021.6
ISBN 978-7-5168-2985-1

Ⅰ . ①槭… Ⅱ . ①徐… Ⅲ . ①传记文学－中国－当代
Ⅳ . ① I25

中国版本图书馆 CIP 数据核字 (2021) 第 076590 号

槭树汁熬糖：摩西奶奶一生的故事

著 者：徐 丹	
出 版 人：蔡 旭	策划编辑：赵小龙
责任编辑：王 萍	封面设计：大摩设计事务所

出版发行：台海出版社
地　　址：北京市东城区景山东街 20 号　邮政编码：100009
电　　话：010-64041652（发行、邮购）
传　　真：010-84045799（总编室）
网　　址：www.taimeng.org.cn/thcbs/default.htm
E - mail：thcbs@126.com

经　　销：全国各地新华书店
印　　刷：河北华商印刷有限公司
本书如有破损、缺页、装订错误，请与本社联系调换

开　　本：889 毫米 ×1194 毫米	1/32	
字　　数：150 千字	印　张：7.5	
版　　次：2021 年 6 月第 1 版	印　次：2021 年 6 月第 1 次印刷	
书　　号：ISBN 978-7-5168-2985-1		

定　　价：49.80 元